行在高处

通向成功生活的12把钥匙

[美] 特里·费尔伯 著
王瑞生 译

世界知识出版社

Copyright © 2013 Thomas Nelson
A Division of Harper Collins Christian Publishing, Inc.
Simplified Chinese edition copyright:2015 Beijing love Angle publishing Ltd.
All rights reserved.

图字：01-2015-0240号

图书在版编目（CIP）数据

行在高处：通向成功生活的12把钥匙 /（美）费尔伯著；王瑞生译.
-- 北京：世界知识出版社，2015.7
书名原文：The Legend of the monk and the merchant
ISBN 978-7-5012-4850-6

Ⅰ.①行… Ⅱ.①费…②王… Ⅲ.①成功心理—通俗读物
Ⅳ.①B848.4-49

中国版本图书馆CIP数据核字(2015) 第017597号

责任编辑	王瑞晴　蔡金娣
策　　划	董保军　张天罡
责任出版	赵　玥
版式设计	任国荣

书　　名	行在高处：通向成功生活的12把钥匙
作　　者	[美] 特里·费尔伯
译　　者	王瑞生
出版发行	世界知识出版社
地　　址	北京市东城区干面胡同51号　（100010）
网　　址	www.wap1934.com
电　　话	010-65265923（发行）010-85119023（邮购）
	010-85112689（编辑部）
印　　刷	北京温林源印刷有限公司
经　　销	新华书店
开本印张	787毫米×1092毫米　　1/16　　12印张
字　　数	120千字
版次印次	2015年7月第一版　2015年7月第一次印刷
标准书号	ISBN 978-7-5012-4850-6
	ISBN 978-0-8499-4852-7
定　　价	28.00元

版权所有　侵权必究

目录

序言 1
第一章　教堂的台阶 1
第二章　威尼斯商人 9
第三章　两个男人的故事 21
第四章　第一次重逢 35
第五章　第二次重逢 47
第六章　第三次重逢 63
第七章　第四次重逢 79
第八章　第五次重逢 95
第九章　第六次重逢 107
读者提示 125
经文参考文献 126
学习指南 127

序言

当前，谈及经商者的成功之路时，我发现在北美洲的基督教信仰者中普遍存在着两种极端错误倾向。第一种错误是：财富就是罪恶。也就是说，即使一个人通过拼命工作积累了一些个人财富，他在某种程度上也是罪恶的。至于他是通过什么方式积累财富的，他用自己的财富做了哪些事都不予考虑。他们只认为：从道义上讲，富有就是错误的，不管你的财富是个人经商赚来的，还是继承家族财产得来的。

第二种错误是：财富在某种程度上代表着上帝的护佑和偏爱。也就是说：上帝想让他所有的孩子都成为有钱人，如果你仍然很贫穷，是因为你对上帝不够忠诚。我坚信，这两种观点非但不正确，而且对基督徒的商业观也极其有害。

上述观点其实和《圣经》毫无关系，只不过是关乎财富的一些假设，而这样的假设在《圣经》中根本就找不到出处。事实上，我认为这两种观点和某个异教的信仰有关系，因为这些人认为拥有物质财富本身就是一种罪恶，可我却从未从《圣经》中看到过这样的话。我经常会读到一些谈及人们对财富的情感、行为和信仰的经文，而不是谈及拥有财富本身这件事。从《圣经》的角度来看，财富和经商成功这两件事都不属于道德范畴——没有道德不道德之说，它们仅仅是被人们利用的工具。因此，我可以用我的财富行恶，也可以用我的财富扬善。问题不在金钱本身，而是我选择用金钱做了些什么。

作为一家企业的老板，尤其是一家知名企业的老板，这种讨论对于我来说意义非凡。我个人一直认为，就像鲍勃·布赖纳在其《怒吼的羔羊》一书中所讨论的那样，基督徒在商业界也承担着一份责任。为了耶稣我们应该主动承担起商业界的那份责任，而不是将其拱手让给他人。我们不能把教堂看成是上帝的主场，而把市场让给撒旦。我们是富有生命的人，我们应该积极主动、四处活动，我相信上帝在呼召我们为了他的荣耀去拯救商业界。这也是我个人职业生涯的最终目标。

记得前段时间，当我正在为了自己这种信仰而努力工作时，我的一个同事给了我这本名叫《行在高处：通向成功生活的12把钥匙》的书。上帝总会在我们需要某物的时候把它赐予我们，难道不是吗？我一见此书便爱不释手，因为这本书里所描述的画面恰恰是我正努力完成的事业，两者的相似之处令人难以置信。这本书还以我能够接受的方式非常完美地将所要讨论的问题一一铺开。

该书的作者特里·费尔伯让我们从一个全新的视角看待有关教堂和商业的所有那些受到人们争议的问题。我最终明白了传教士是神圣的，商人也同样神圣！因为商人所从事的也是一份服侍。我们同所有的信徒一样，以牧师为榜样去做好每一件事。上帝没有让我们将属灵和日常生活分开，也没让我们将星期天早上的礼拜和星期一早上的全体职工例会分开。在以上任何两种场合，上帝都在场。

我对此观点深信不疑，于是立即大量购买了此书，作为我的整个工作团队的必读书。从那时起，每一位新聘到公司的职员都要在开始工作的前九十天和公司其他员工一起读这本书。我们这样做不是因为这本书令人"百读不厌"，而是因为这本书确实能够准确地勾勒出我们是谁，我们如何审视自己在商业界中的角色等问题。如果我们招聘的是运输部的职员，他们所做的不只是把书打包再装进箱子里，他们还送出了希望，给那些需要帮助的人送去鼓励。如果我们招聘的是客服中心的职员，他们所做的不只是接电话、读文件，他们接触的是活生生的人，他们的话语会给那些心烦意乱的人送去安宁。在这座大厦工作的每一个人都知道他们的工作都是在回应上帝的呼召，因为我们的工作是神圣的。大家对此都深信不疑。

作为上帝的子民，当我们看到那些邪恶之事时，我们就会心生厌恶。如今，人们对美国商业界恐怕已经产生了不好的印象，因此，到了我们扭转人们对美国商业界看法的时候了。当你读这本书的时候，我给你的建议是转换一下自己的角色，如果你把经商中发生的每一件事都看作是神圣之事，你就会改变自己经商的方式。

我和我的全体职员都喜爱这本书，希望你也像我们一样喜爱它。

戴夫·拉姆齐

第一章 / 教堂的台阶

神啊,我的心切慕你,如鹿切慕溪水。我的心渴想神,就是永生神;我几时得朝见神呢?

(诗篇42:1—2)

安东尼奥拉紧了马缰绳，驾驶着马车转过街角继续前行。他回头看了一眼孙子，胡里奥，正倚在车厢后部的稻草堆上睡着了。尽管他们所乘坐的是良车骏马，但经过了两天多的旅途奔波，胡里奥已开始对这次旅行逐渐失去了兴趣。其实安东尼奥也产生了和孙子一样的感受，但他对此并不介意，因为他知道接下来的几个小时将会改变自己孙子的一生。

安东尼奥已年近花甲，但看起来也就是四十多岁，近一米八的身高，一头长发，略带花白，下颌上蓄着一绺三角形的胡须，梳理得干干净净。经过数日的风餐露宿，他的脸变成了棕褐色，那双浅蓝色的眼睛显得更加炯炯有神。看看安东尼奥的穿着打扮，便知这主儿是个有钱人。他所驾驶的这辆四轮马车的车身上雕刻着美丽图案，和周围乡村荒凉的砂石路显得有些格格不入。安东尼奥身穿一件纯毛面料的斗篷，里衬是从中国进口的红色丝绸，脖子上挂着一个纯金十字架，头上戴着一顶礼帽。看到帽子上的装饰物，便知这是一位声名显赫的贵族。一阵晨风迎面吹来，安东尼奥扯过斗篷的一角遮住了脸。空气中飘来了春天的花香，他深深地吸了一口气，想到身后熟睡的孙子，脸上露出了一丝笑容。

连续数日的春雨把马路冲刷得凹凸不平。马车砰的一声压过一块石头，胡里奥的头也嘭地一下撞在了膝盖上；马车又扑通一声越过一个坑,胡里奥的头又啪地一下向后仰起碰在稻草上。"胡里奥,我们就要到了!"安东尼奥对孙子大声说,可他却忘了孙子在颠簸中睡着了。过了一会儿,胡里奥摇晃着站了起来,坐在祖父身旁,一只手搂住了祖父的后背。

"还有多远?"胡里奥稳了稳身子,问祖父。

"绕过前面那个拐角就到了。"安东尼奥赶紧拉了拉马缰绳,放慢了车速,躲开了一个村妇,她吃力地背着一大捆木柴正准备横过马路。当马车从村妇身边绕过后,她便拖着沉重的脚步急急忙忙地穿过了马路。在路两边开始零星地出现一座座小型建筑物和一条条平坦的街道,胡里奥知道快进城了。紧接着,一幢幢高楼大厦和一处处古老的建筑遗迹进入了视线,繁华的街景展现在了胡里奥的面前。他向街道两旁不停地张望,寻找着圣彼得大教堂。

"爷爷,我怎么还没看见圣彼得大教堂?"胡里奥问道。

"别着急,马上就看到了。"

接下来映入眼帘的是一长排宏伟的石柱,中间围着一个宽阔的广场,这些石柱至少有五十英尺高,柱子上高耸入云的塔形柱廊,白色的石面在晨光中闪闪发光,眼前的景象把胡里奥看得瞠目结舌,安东尼奥回过头来冲着他笑了笑。当他们走得更近一些时,胡里奥看到这座宏伟的建筑物表面上还雕刻着很多图案。

"欢迎来到圣彼得大教堂!"安东尼奥一边说着一边用力地拉紧了马缰绳。

马车忽然停了下来,胡里奥的身体也随之向前倾了一下,可他却没出声,眼睛仍旧死死地盯着前面的柱廊。当他们来到广场四周的石柱和拱门前时,有两个教堂的警卫认出了安东尼奥。尽管这个广场是禁止任何外人进入的,可这两位警卫却带着祖孙二人来到了直通大教堂的中心地段。胡里奥凝视着圣彼得大教堂巨大的穹顶,他以前还从未见过如此雄伟的建筑,心里开始思绪万千,不停地追问自己:这究竟是如何建成的?

他们从正面的入口处走进了主建筑,胡里奥不由自主地又开始抬头四处张望。他们是今天仅有的被允许进入教堂的两位参观者。胡里奥突然拽了一下爷爷的衣袖，用手指了指前面的脚手架，这个脚手架树立在大厅的中间，由木头做成，顶端直指向巨大的穹顶。在脚手架上搭着一块粗糙的木板，上面躺着一个人，他双眼直视前方，一动不动，胡里奥以为那人已经睡着了，便问爷爷"那个人是干什么的？"

"他是这里的主人。"安东尼奥悄悄地回答。

"他叫什么名字？"胡里奥继续问道。

"米开朗琪罗。"

这个名字刚一出口，木板上的那个人倾了一下身体，向这两位来访者慢慢地挥了挥手。胡里奥也小心翼翼地朝他挥了挥手。

胡里奥如今已满十八岁，个头比祖父还高，一双深蓝色的眼睛不停地来回扫视着这座巨大的教堂，这个地方真美，令他目不暇接。他们一路走着，看着。这时，胡里奥看到了几个雕刻精美的塑像，马上便认出这是《圣经》里面提到的英雄们。教堂里十分安静，四处回荡着胡里奥的凉鞋踏在石头地板上发出的咔咔的响声，那声音令人毛骨悚然。胡里奥回想起离家前母亲让他穿着这件长袍出门时他还百般拒绝，可他此时忽然感到自己适合穿这身衣服，因为这样的穿着就像是附近修道院里的一名修道士。

安东尼奥在前面快速地走着，胡里奥大踏步跟上爷爷的步伐，祖孙两人向着教堂走去。他们的正前方是主祭坛，四周围着一圈金色的台柱，又粗又高，直通屋顶。主教堂的正面镶嵌着金边，墙上镶嵌着马赛克和一些褪了色的玻璃，地上铺的是白色大理石地板，整个房间内显得富丽堂皇。胡里奥发觉自己被这座美丽的教堂吸引住了，一度迷失在时间的长河中。

忽然，远处传来了说话声，原来是一位修道士，他向安东尼奥这边走来，用手指着左边的一个走廊。安东尼奥告诉孙子：主教堂正在粉刷，还不向公众开放，上午的礼拜临时被安排在一个小教堂里举行，从教堂的东侧入口便可以进入到这个小教堂。房间里已经是座无虚席，祖孙俩被安排到后侧的一条石凳上坐下。牧师们走了进来，向着香炉前做礼拜的人们挥了挥手，胡里奥毫无反应，他只顾盯着香炉里螺旋状升起的香烟，看着那一缕缕白色的烟飘向了头顶又高又大的穹顶，飘向了上帝。他曾从祖父那儿听到过许多关于大教堂的故事，今天终于有机会目睹这一切。今日所见的大教堂要比他之前想象得壮观得多。此次圣彼得大教堂之旅从一开始就充满了神秘感，如今胡里奥开

始猜想前面还有什么样的秘密等待着他去发现。

礼拜结束快一个小时了，祖孙俩也没说上几句话，他们坐在教堂后的石凳上，目不转睛地望着墙上华丽的装饰，望着那一个挨着一个的数不清的拱形门廊，望着那墙上镶嵌着的已褪了色的美丽的玻璃。这一切当初是如何建成的？谁能出得起那么多钱把这座教堂建造得如此壮丽？胡里奥又开始自问起来。眼前的一切着实让他难以置信。又过了一会儿，祖孙俩不约而同地站了起来，一声不响地从高大的入口处走了出来，梵蒂冈的上空，阳光灿烂。

爷爷以前曾对胡里奥说过，他有一个特别的故事要讲给他，向他揭开一个天大的秘密。尽管胡里奥一再央求爷爷讲给他听，可爷爷却说一定要等到他们到彼得大教堂做过礼拜才行。出了教堂，他们走到了广场上，广场上覆盖着拱形门廊和石柱的阴影，安东尼奥放慢了脚步。胡里奥一个箭步站到了祖父的面前，拉着祖父坐在了一个大理石台阶上，自己坐在了不远处的一块石头上。

"爷爷，现在该说了吧？"

"好的，胡里奥，是到了该说的时候了。"

第二章 / 威尼斯商人

> 我未成形的体质,你的眼早已看见了。你所定的日子,我尚未度一日,你都写在你的册上了。
>
> (诗篇139:16)

此刻已近正午时分，圣彼得大教堂的上空，阳光明媚。一缕和风从广场那边迎面吹来，安东尼奥发觉此时此景是如此清新浪漫。这个时刻他已等了好几年了，现在，他要把自己的成功之道亲口传授给年轻的孙子。胡里奥已年满十八岁，长得越来越像他的父亲，瓦伦蒂诺。

胡里奥和四个妹妹都出生在威尼斯，在那里长大。作为家中的长子，家人期望他现在能跻身商海，和父亲一起去经商，他的父亲现在已是远近闻名的船运商人。胡里奥从小就表现出在数字方面的天赋，在十四岁那年，家人还专门为他请了一位家庭教师。二十多年前，瓦伦蒂诺就曾和父亲经历过这么一次特殊的旅行，二十多年后的今天，儿子也一样开始了这次意义非凡的旅行，这一点让他感到由衷地高兴。

"爷爷，现在该把你的故事讲给我了吧，我定会洗耳恭听。"胡里奥坐在那块冰凉的石头上郑重其事地说，试图克制住内心的激动。

"好吧，我想还是从那座修道院讲起吧。"

"修道院？"胡里奥有些迷惑。

"是的，我是在威尼斯郊区的一个小修道院长大的，至今我还依稀记得起清早修道士们一起祷告的声音，还依稀记得我的爸爸，菲利普，用双手把我高高举过头顶，再转上一圈儿。

他总会说，这样我就和上帝离得更近些了。"安东尼奥咧开嘴笑了笑。

"爷爷，可是，我听说你是被人收养的。"胡里奥坐在大教堂的台阶前一动不动听着，目光死死地盯着祖父的双眼，他所讲的每一句话都仿佛深深地刻在了自己的心里。

"你说得对，我是被人收养的。但是，在我心里，菲利普就是我的父亲，也是唯一一位被我认作父亲的人。其实，我从未觉得自己是被人收养的，因为在我记事之前，我就生活在这个修道院。当你的曾祖父过世的时候，我还是个小孩子，修道院就是我的家。"

"爷爷，那你的爸爸妈妈呢？"尽管胡里奥知道自己如此鲁莽地问祖父这个问题有些不妥，但这个问题的答案对他实在是太具有诱惑力，所以他还是提了出来。

安东尼奥深深吸了一口气，开始讲了起来。

"关于我的身世，我听别人说过几次。我的祖先们世世代代生活在海边，靠出海打鱼和做海运工作为生。我的父母结婚三年后，我出生了。当我长到几个月大时，我的父亲接到了一单买卖——把一船干鱼运到克里特岛去。初为人父，他舍不得离开自己的儿子和妻子，于是他决定带上我们母子出海，一起去完成这次工作。一天夜里，我们遭遇了一场大风暴,父亲有生以来从未遇到过这么大的风暴,我们的船被摧毁了,飓风把我们的船吹得在海上直打旋,把船帆也撕扯成两半。几天后,这个修道院里的一个修道士到海上打鱼,当他从我们的残船旁经过时发现了我,我当时正躺在船的底部,身上裹着一块布,已经奄奄一息了。"

"那你的父母呢?"胡里奥追问道。

"我的父母永远不见了。"

胡里奥瞪着眼睛、张着嘴聚精会神地听着,在这之前,还从未有人给他提及曾祖父。安东尼奥向孙子逐渐揭开了自己的身世之谜,他发现自己的每一句话的语调都充满了悲壮。

"后来呢?爷爷?"

"这次事故发生不久,菲利普就收养了我,我很快便成了参加各类教会仪式的最小的成员。"安东尼奥自豪地说。

"在修道院里长大很乏味吧?"胡里奥天真地问祖父。

如火的骄阳从圣彼得大教堂上空的云层里钻出来,安东尼奥擦了擦眼角的汗水,想起了教堂广场附近的一个花园,便站起来对胡里奥说:"快,跟我来。"他带着孙子走下台阶,向着东边柱廊旁的玫瑰花丛走着,继续说:"在修道院里长大一点也不乏味,那里有很多乐趣,要干很多活儿。"

"干活儿？"胡里奥有些不解。他用凉鞋踢着一块小石头，一只手摸着公园入口处的一个大理石柱子。

"对，干活儿。当我刚学会走路时，他们便给我布置一些修道院里的简单的活计。起初我做的是往厨房里提水，抄写《圣经》等类似的活儿，后来，我就到葡萄园里去摘葡萄，帮助大人们秋收。"

"你干得动吗？"

"干得动！没多久我便发现自己喜欢上干活了。又过了不久，我就能给菲利普当帮手了，和他一起想方设法扩大我们修道院的影响力。当我长到十六岁时，我便尝试着用一些销售方式让修道士们生产出来的产品卖个好价钱。"说到这时，安东尼奥几乎要跳起来，一谈到自己如何创业的，他便感到格外兴奋。

"菲利普很快便发现我很热衷于做生意，同时也很忠诚于上帝。当时的习俗是男孩子长到十八岁时便要决定是去修道院里做个修道士，奉献自己的一生，还是投身商场做个商人。很快就到我选择自己职业的时刻了。"

"职业？什么意思？"胡里奥问道。

"职业就是你做什么工作。"安东尼奥回答道。

"你的意思是你的职业就是你所做的工作？"

"噢，职业不仅仅是工作。你看你的工作就是每天对别人发号施令，这是你一直做的一件事，但是，你所做的这件事，可真的算不上什么职业。"

"我懂了，你所说的职业就像爸爸和他的那些船只，他要经常到码头去待在他的船上，尽管很多时候他并不一定非得这样做。"

"你说得很对。当一个人选择了自己的职业，他就会心情愉悦地去工作，不断从工作中获得乐趣。"

"接下来又怎么样了，爷爷？"

"噢，菲利普知道到了我为自己选择职业的时候了。但我那时还不是十分清楚自己以后是适合当个牧师还是适合到商场上去闯荡。一天晚饭前，菲利普特意坐在我旁边，吃饭时，他问我如何选择自己将来的职业。我至今还记得自己当时一刻也没有迟疑，直接回答道：'我要像你一样当一名牧师。'尽管菲利普听到我要继承他的事业时一定会感到很欣慰，但是同时他也很清楚只有我对两个世界都有了清楚的了解之后方可做出最后的决定。"

"接下来呢？"

"菲利普把我安排到他的一位朋友家里住了几个月，他的这位朋友很富有，住在威尼斯，从修道院走大约一小时就到了。"

"他想通过这种方式给我提供一次体验商业界的机会。那个周末，我们收拾一下行李去了威尼斯，开始了我在阿莱西奥身边做学徒的生活。"

"阿莱西奥？他是一位商人？"胡里奥问。

"是的，他是一位家财万贯的商人，也是菲利普非常要好的朋友。我现在仍能记得他给我的第一印象：身材魁梧，心胸宽阔，生意做得很大。我在那里跟着他做了几个月学徒。他那时的体重一定有二百四十磅，头顶的头发已完全掉光，下巴上的胡须直垂到胸前，修剪得整整齐齐。他平时总是满面笑容，当他哈哈大笑时，你也会忍不住跟着笑起来。他经营着一个船队，当时给我安排的工作是帮他管理他的那些船只。"

"当控制鼠疫的药物被发明出来以后，威尼斯的经济开始飞速增长，船运业随之也繁荣起来并成为该地经济增长的主导力量。随着大量的外地人不断涌入威尼斯这座众人皆知的'狮子城'，这里的皮革商人、铁匠、泥瓦匠等人的生意也好起来。另外，威尼斯这座城市生产的玻璃也很有名气，由于当时这里的玻璃生产业发展得太快了，威尼斯的统治者维努奇总督不得不下令将所有的玻璃烧窑和玻璃生产厂搬迁到威尼斯海岸对面的穆拉诺岛上去。"

"你就住在那个小岛上吗？"胡里奥问祖父。

"是的，我就住在那里。"

"维努奇总督为什么要让玻璃生产商们搬迁？"

"开始让他们搬迁是为了保护威尼斯城免遭火灾，因为这些玻璃厂有时会着火。后来让这些玻璃生产商们搬迁到这个小岛是为了保守行业秘密。这么一来，船运业就很难跟上快速的经济发展的步伐，阿莱西奥的生意也就日益兴隆起来，自从我跟他学徒的那一天起，我从未歇过一天工。"

"我想那是因为你爱这个行业。"胡里奥笑着说。

"你想得对。我每天在那儿管人、点货、想新点子，几个月后，我发现我找到了自己应该从事的行业。当两个月的学徒生活快结束的时候，我感到有些失落。在返回修道院前，阿莱西奥坚持要请我吃一顿饭，那天我们吃了炖鸡，还讨论了我的将来。"

"那天晚上，我把包裹收拾得整整齐齐，放在壁炉旁。阿莱西奥安排了一辆马车送我回去。我多么想留下来和他多待一段时间，但不知如何开口。"

安东尼奥和胡里奥找到一小片草地坐了下来，草地附近有一簇长得很高的玫瑰花丛。他们沉浸在安东尼奥的故事中，这时，附近有一个瘦弱的老太太朝他们摆了摆手，向他们乞讨。

胡里奥看见爷爷站了起来，慢慢地向那个老太太走过去，把手伸进衣兜里，摸出一枚硬币放在了她的手里。老太太向他笑了笑，走了。

"胡里奥，你饿了吗？"安东尼奥问孙子。

"不饿。我想让你把故事讲完。你是怎么跟阿莱西奥说的？"

"好的。我知道我的选择将会永远改变自己的生活，我也想使自己确信这个选择是正确的。我坐在那儿双眼直勾勾地盯着壁炉，感到汗水开始从前额上冒了出来。并不是火炉的炙热火焰把我烤出了汗，而是自己刚刚所做的选择让自己出了汗。"

"你在选择你的职业，对吗？"安东尼奥的话还没讲完，胡里奥便连珠炮似的又问了一个问题。

"说的对。这个选择将会永远改变我的生活，所以，我希望这个选择是正确的。"

"我记得自己看着壁炉里的熊熊火焰，听着燃烧的木头噼啪作响，这时，传来一阵爽朗的笑声，一听笑声便知是阿莱西奥回来了。他大踏步走进屋，随手砰的一声关上门，三步两步就来到我面前，像往常一样，伸出他那双短胳膊，给了我一个大大的拥抱。"

"你告诉他了吗？你告诉他你想当一位商人了吗？"

"当然，但是我并没有立即就告诉他，也没有直截了当告诉他。我们坐下来开始吃晚饭。我记得自己当时向他问起他和我的父亲——菲利普，是怎么认识的。我还记得他把椅子从餐桌旁挪开，叹了口气，对我说：'我九岁时第一次遇到了你的父亲。'"

第三章 / 两个男人的故事

你们虽然没有见过他，却是爱他。如今虽不得看见，却因信他就有说不出来、满有荣光的大喜乐。

（彼得前书1:8）

胡里奥忽然觉得自己的肚子在咕咕地叫，于是笑着对祖父说："我饿了，我们该吃午饭了。"

"好，我们沿着这条街走，我有个熟人在那边，他能给我们安排吃的。"安东尼奥提议说。于是，这一老一少溜达着走到了大街上，街上人声鼎沸，旁边那幢长方形的巨大的教堂遮住了太阳。胡里奥开始意识到爷爷接下来讲述的故事将会对自己产生很大的影响。

祖孙二人继续沿着大街继续往前走，这时，胡里奥第一次发现爷爷走起路来有点瘸。他心想，是不是在路途中爷爷受了伤？可他却又想不起来在路上发生过什么异常情况。

"他们俩当时都是祭台助手。"安东尼奥的话打断了孙子的思路。

"你指的是那个传道士和那个商人吗？他们都是这个教堂里的祭台助手？"

"是的。阿莱西奥告诉过我，菲利普和他在威尼斯一起长大。"安东尼奥笑了笑，白色的胡须也随着笑声微微颤动，继续对孙子说："由于他们是同龄人，所以做什么事都在一起，一起去同一所学校上学，一起在同一家教堂工作，他们是最要好的朋友。"

"这位修道士和这位商人接下来怎么样了，爷爷？"

"当时,他们还不是修道士和商人,只是菲利普和阿莱西奥。但是很快这些即将改变,你也知道,随着年纪的增长,他们将必须做出决定——"

"选择自己的职业?"胡里奥直接问道。

"是的。阿莱西奥出生于商人家庭,他跟着父亲在码头上工作过,前不久,他还在船库里管理着十二个工人,是个做商人的料儿。当决定选择自己职业的时候,他自然选择了回家跟随父亲做一名商人。"

"菲利普是如何选择的?"

"噢,我的爸爸,我常常这样称呼他,他从小时候起就梦想长大后到修道院侍奉上帝。阿莱西奥曾告诉过我,当菲利普还是个孩子的时候,有一天,他穿过菜园时,听到了上帝呼召他的声音,并对此深信不疑。在我成长的过程中,菲利普也不止一次给我说过这件事。阿莱西奥还告诉我,从那天起,我爸爸就决定今生今世要当一名修道士来侍奉上帝。每天早上教堂刚一开门他就到了,经常和牧师们待在一起,向他们请教问题,让他们给他读《圣经》。很快他就学到了很多基督教知识,于是去了那个修道院,致力于基督教的仪式等工作。没过几天,他就在那艘船上发现了我。"

他们闻到了菜肴的诱人的味道,于是离开大街,拐进一条石头砌成的小路，路边有一个卖水果小贩，推着满满的一车水果，正在为了一个西红柿和一个年轻的牧师讨价还价。他们虽然从圣彼得大教堂的阴影处走了出来，但发现这个地区最高的建筑仍然是大教堂，那圆圆的屋顶、高高的石柱和数不清的柱廊仿佛在不停地提醒着人们：在这个城市，上帝永远是第一位的。或许是圣彼得大教堂就在附近的关系，这个地段显得安全而宁静，就连那个水果小贩的叫卖声也显得小心翼翼。

正午时刻，安东尼奥忽然在熙熙攘攘的马路中间停了下来。

尽管祖父的举动让胡里奥摸不透，可他也跟着祖父停了下来，站在他的身边。起初他们听到了远处几声微弱的钟声，紧接着钟声越来越大，富有节奏，正午的钟声敲响了，胡里奥的脸上不由自主地露出了笑容。

"这钟声是从那座长方形的大教堂里传出来的吗？"胡里奥问祖父。

"是的。"

胡里奥相信自己听到的是一首赞美诗，这首赞美诗仿佛以前曾在某个地方听到过。究竟是不是赞美诗并不重要，重要的是这是他人生中最伟大的时刻，令他终生难忘。抬头望去，看到的是大教堂高高耸立的屋顶，再看大街上，到处都是基督信徒，每一处对他来说都很新鲜。这里的人们努力工作的同时，也在敬拜着上帝。祖父起初还站在他身边，等他缓过神来时，发现祖父已经开始往前走了，于是赶紧跟上祖父的步伐，紧随其后。

"爷爷，您父亲搬到修道院后和阿莱西奥还是好朋友吗？"

"当然是，至少在最初的几年是这样的。听说阿莱西奥的生意做得很成功，也做得很大，很快便超越了他的父亲，成为这个地区贸易圈里的一位大名鼎鼎的头号人物。而我的父亲菲利普也有做领导的天赋，被选为修道院的院长。作为修道院院长，菲利普还要负责协调威尼斯大教堂的礼拜仪式。开始的时候，阿莱西奥还会每周去两次教堂，看看他的老朋友，敬拜上帝。可是随着生意的不断做大，阿莱西奥去教堂的次数减少到了每周一次。"

"你父亲对此介意吗？"

"介意。我父亲是个对上帝非常忠诚的人，他认为那些不想在教堂度过每一天的人真是不可理喻。对于他来说，教堂才是最值得一个人待着的地方。到教堂里度过的假期时光才是真正的假期。对于阿莱西奥每周只来一次教堂这件事，我的父亲开始感到反感。阿莱西奥告诉我，菲利普开始就如何侍奉上帝以及做礼拜的重要性等发布了言论，想让阿莱西奥出于负罪感多来几次参加礼拜。阿莱西奥也开始意识到菲利普是在给他施压，过了一段时间，两个人便不再来往了。"

胡里奥边走边想，他和自己的好友里卡多将来是否也会变成陌路人，可实在想不出能有什么原因让他们绝交。他忽然对这两位挚友的绝交感到十分惋惜，赶紧叮问祖父："接下来怎么样了？"

"接下来的好长一段时间里，这两个人都没交往过，他们都全身心投入到各自的工作中，并且做得都很出色。随着信徒的增多，人们又建立了一个新的教堂，菲利普被派到那儿去布道。同时，阿莱西奥的船队也发展成为地中海地区最大的一支船队，有一百多艘轮船以他们家族的名字命名，航行在海上，运送着货物。阿莱西奥每周继续去教堂做一次礼拜，而菲利普继续在心里默默地盼望着阿莱西奥能多来教堂几次。但是两个人之间的话变得越来越少，直到有一天……"

就在此时，一个身宽体胖的男人，腰比两个啤酒桶还粗，大踏步闯到胡里奥的面前，让胡里奥躲闪不及。只见他伸出双手搂住了安东尼奥的腰部，一下子便把他举到了空中，又抱着他转了两圈，然后砰地一下把他放在了地上。这一切把胡里奥搞得目瞪口呆，手足无措，等他缓过神来，想要出手援救时，却听到了一阵笑声,发现这两个人在大街中间拥抱在一起,哈哈笑了起来。街上的商贩和行人都停下来静静地看着他们,把胡里奥弄得很难为情。

"魏尼图,来,给你介绍一下,这个是我的孙子,胡里奥。"安东尼奥骄傲地说着,"胡里奥,我和这位魏尼图爷爷有近三十五年没见过面了,我俩是在穆拉诺岛海边调研时相识的,那时他是那个岛上最棒的厨师。我们很快便成了好朋友,他和他的家人经常邀请我到他家去做客,他后来还开了一家餐馆。"

"胡里奥,你爷爷说得全对,他还有一件事没告诉你,那就是他还教给我一个秘诀,让我如何成为一个聪明的生意人。说心里话,多亏了安东尼奥,我才能有今天的成功。"魏尼图感激地看着安东尼奥说。

胡里奥向魏尼图伸出了手,做好了也被抱住转上一圈的心理准备。令他欣慰的是,魏尼图很优雅地和他握了握手,又顺手指了指街边,只见那里立着一把遮阳伞,伞下紧巴巴地摆着三张餐桌。

"欢迎到我的新餐馆来用午餐。这家餐馆是我一个月前新开张的,生意蛮好的。"他得意地说。

三个人走到一张餐桌前坐下,魏尼图大声招呼着另一个身材肥胖的人赶紧上菜,那个人在切一块油汪汪的烤羔羊肉,把胡里奥馋得直流口水。不一会儿,祖孙俩的桌前便摆上了一大盘烤羊肉。简单祈祷过后,魏尼图向他们告别。

"我现在得去关照一下我其他的几家餐馆。很高兴见到二位。愿二位用餐愉快。"说完,魏尼图起身向大街走去。安东尼奥接着讲他的故事。

"一天,菲利普在读《圣经》时发现了一些很特别的话。"

"他发现了什么?"胡里奥迫不及待地问。

"他发现了上面有一句经文化解了他和阿莱西奥之间的窘境,便立即派了一名祭台助手去找阿莱西奥到大教堂来。不到一个小时的工夫,阿莱西奥就到了。菲利普把阿莱西奥领到了圣坛后的一个房间里,那里保存着一部《圣经》手抄本,这本《圣经》是世界上仅存的几百本完整版手抄本中的一本。阿莱西奥意识到这是个非常重要的地方,因为这里储藏着稀世珍宝,自己能到这里来一趟实属三生有幸。两个人走进屋后,菲

利普用手指了指一本厚厚的手抄卷，这本手抄卷已被翻开快到了尾页。"

"他在那儿发现了什么？是什么样的经文让菲利普感到如此重要？"胡里奥忘了吃羊肉，又一次被祖父的故事吸引住了。

"这句经文说是耶稣'又叫我们成为国民，作祭司，归于神，在地上执掌王权。'"

"我不明白，"胡里奥说，"阿莱西奥不是国王，他到底想说什么？"

"胡里奥，那天上帝启示菲利普，阿莱西奥的确是一位国王，但不是他们认为的国王。你看，这句经文说，上帝仍在使我们成为国王和祭祀。这意味着他仍在这样做。上帝的意思是他呼召一些人成为祭祀，一些人成为商人或国王。"

"我现在明白了，一位像经营商业的人一样的国王，对吗？"

"说得对。那天，上帝让我父亲知道了自己是被呼召来聆听上帝的话语，并且引导他人信主。那天，上帝也让阿莱西奥知道了他奉上帝之命来经营市场，同时为完成牧师们的使命提供各种资源。就在那天，菲利普向阿莱西奥道了歉，因为自己之前误解并错怪了他。他明白了阿莱西奥在努力成为符合上帝心意的商人，他自己也在一直努力使自己成为一位牧师。是上帝的这句话让他顿悟，让他明白了自己的职责就是为阿莱西奥祝福。就在那一刻，两个人立即重归于好。想到两个人又可以一起并肩工作了，他们感到干劲十足。"

"也就是说牧师应该服侍上帝，而商人应该服侍牧师，对吗？"

"你说错了，我没这个意思。上帝让我们每个人都要服侍他。我们都要听从上帝的话，并以此为荣，我们要在生活中颂扬上帝。上帝还让那些涉身于商场的人和那些终生服侍上帝的人之间有了某种特殊的关系。"

"我听明白了。是上帝给予了商人们财富帮助牧师们布道，牧师们奉献出了自己的时间和精力来服务上帝，为商人们祝福。"

"这次说对了。这是一种非常特殊的合作关系。"安东尼奥解释道。

"这个故事讲完了吗？"胡里奥不解地问。

"没有，还没有讲完。这才刚刚开始。阿莱西奥先给我讲了他和我父亲是怎样相识的，又给我讲了他们两个人是如何发现了牧师和商人并肩奋斗的重要性，然后，他问我打算如何选择自己的职业。"

"我猜到了你的回答了。你告诉他你想成为一位商人,对吧?"

"猜对了,猜对了。我们边喝着鸡汤,边聊着商人和牧师这两个职业。我告诉阿莱西奥我想成为一位商人。我知道了自己的天职就是生产产品,为他人提供服务,给牧师们的布道提供各种资源,使牧师们可以实现他们为神之国度的使命。我已经为此做好了准备,至少我也对此有所准备。"

"你为什么要说'有所准备'?"

"我为自己要成为一位商人做好了准备,准备着开始自己崭新的生活,但是我知道自己仍有好多东西要去学,我在阿莱西奥那里才工作了两个月,我还有好多问题要去问。于是,就在那个夜晚,我问他是否愿意当我的导师,帮助我成为一位出色的商人。"

"他是怎么样回答你的?"

"他接受了,但提了一个条件。"

"一个条件?"

"对。他说,如果我保证将来每隔三年的同一天晚上能来他家见他一面,他就答应指导我如何去做个商人。他还说,他想帮助我发展壮大生意,还要我为自己所知所学负责。"

"你怎么回答的?"

"我欣然接受了他的条件。他让我记日记，把我从他那学到的所有知识都记录下来。我也按照他说的做了，把我每次见到他的场景和他所说过的每一句话就记了下来。"一边说着，安东尼奥把手伸进了肩上挎着的一个皮包里，从里面拿出了一本很旧的日记本，外皮包着一层皮革，已经磨得很旧了，这个日记本呈正方形，书角虽然已经磨得很厉害，但里面的内容仍然保存完好。日记本外系着一条金色的丝带，显得有些不协调。

"这个日记本上记录着这些年来我从阿莱西奥那里学到的一些经验。他的这些话让我成就了自己一生的事业，实现了自己的梦想。他所教给我的一些思想，还有在这本书里所记录的一些思想，都是我在自己的生意中和生活中所坚持的一些准则，也正是这些准则给我提供了很多生意上的机会，增加了我的财富。"

胡里奥忽然意识到此次旅行的重要性，明白了祖父带着他来这儿旅行的目的是要向他揭秘自己的巨大财富是如何获得的。胡里奥可不想错过这个学习的好机会，他迟疑片刻，不知如何回答是好，斗胆问道："爷爷，能给我看看你的日记吗？"

"当然可以。"

安东尼奥慢慢地掀开了封面，他和阿莱西奥第一次见面时的种种场景涌现在了眼前。如今，第一个三年后的重逢时间马上就到了，他准备好去拜见他的老朋友了。

第四章 / 第一次重逢

我是葡萄树，你们是枝子；常在我里面的，我也常在他里面，这人就多结果子；因为离了我，你们就不能做什么。

（约翰福音15:5）

那天晚上，阿莱西奥房前悬挂的灯笼随风摇曳，灯光成扇形散照在运河上。借着灯光，我看清了面前这个码头的轮廓，心里也一直在嘀咕自己今晚的举动是否正确，但这毕竟是一个协定。当我走近码头时，一个熟悉的场景展现在我的眼前：所有轮船的船帆都卷了起来，整齐地放在帆缆下。看到这些，我知道这是阿莱西奥的船队，因为只有阿莱西奥才会以这种方式经营自己的船队。更何况，当初那个夏天我和他学徒时，我也曾经给他出谋划策让他这样整顿他的船队。

为了兑现自己当初的承诺，每隔三年，我都会独自一人来赴约。每三年的这一天，这个时刻，这个地点，阿莱西奥都会来和我见面，非常认真地给我上一课。我也不知道阿莱西奥为什么会选择这样一个时间来见我，实在有点捉摸不透，可这就是他的性格，做事时总是给人留下想象的空间。

我摇着小船靠近了码头，迈过船舷跳到了码头上的木板上，这些旧木板被我踩得吱吱直响。我麻利地转过身，顺手抓住缆绳把小船拴在了旁边的一个柱子上，轻快地走过甲板，此时，我回想起了自己以前一次又一次地把这些船上的缆绳拴上再解开的场景。可是我却没有马上就见到阿莱西奥。

我急于把自己三年来在生意上所遇到的一些不平常的经历讲给他听，向他诉说自己当时正面临的几件麻烦事，请他给我出出主意。我手里拿着个小包,径直向那间大石头房子走去。当我离水面越来越远后,我的余光看到了一样东西——那是一盏灯吗?

我转过身仔细望去,在大约二十米的地方,水边有一盏小灯笼在摇曳、闪烁,这缕灯光同房子里的灯火交相辉映。我的直觉虽然告诉我不要去管它,直接往前走,可是还是按捺不住好奇,于是转身向着这缕微弱的灯光慢慢走去。从一排轮船旁经过时,我心里还在想:三年过去了,现在阿莱西奥变成了什么样子?当我走近那盏灯笼时,心里紧张得怦怦直跳,在微弱的灯光下,我模糊地看见有一个人坐在一个简陋的板凳上。忽然,一阵笑声打破了此刻的宁静。

阿莱西奥站起身来,蜡烛的灯光正好照在他的脸上,他咧开嘴向我笑着。我扔下了手中的小包向他快速走过去。他的笑声让我忘记了一切烦恼和忧愁。

"我的朋友,见到你真高兴!"阿莱西奥热情地向我说。

"见到您我也很高兴!"我对他说。我们两个人便有说有笑地向他家房子走去。快到他家时,我不禁想起了我和他的码头工人们并肩工作的那段日子,那时我们把从东方运回来的丝绸卸下船,再把大理石和玻璃装上船运到法国去。

我还想起了那时经常看见一百多艘轮船在这个港口卸货,

并且一周要卸货好几次。起初我还没有意识到阿莱西奥是多么有钱、多么有影响力，直到有一天，我把这些轮船一个月所赚的钱加在一起，这个数目比大多数商人一生赚的钱还多。作为世界上最成功的大商人，阿莱西奥的生活却十分简朴，这让我非常吃惊。于是，我便决定向他学习。

我们走进了他的家门，从屋子一角的厨房里飘来一股炖菜的香味。壁炉里生着火，屋子里暖烘烘的，我立刻有了一种回家的感觉。见过他的家人后，我俩在一张深褐色的木质餐桌前坐了下来。桌子的四条桌腿很粗，上面雕刻着花纹。我之前还从未看到过这样的餐桌，心想这很可能是阿莱西奥从海外专门进口的。

"这张餐桌是从亚洲买来的吗？"我问道，因为桌上雕刻的图案和木头的材质是很典型的远东进口的那种。

"是的，准确地说是从中国，是一个多世纪前由最好的工匠制作的，我用亚麻布和葡萄酒换来的。你觉得怎样？"

"棒极了！我是说，你还和东方国家做生意。噢，这张餐桌，很阔气。"我用手指量着桌面上雕刻精美的狮子图案，这只狮子从头到尾至少有两英尺长，狮嘴张开着，呈朝天怒吼状。这只狮子适合放在威尼斯，因为狮子是这座城市的圣徒圣·马可的象征。整张餐桌有将近六英尺长，摆放在屋子的正中间。

"安东尼奥，通往世界的大门在威尼斯这里向我们打开了，看来这里要成为世界贸易的一个重要枢纽，每年都会有成千上万艘轮船和船队从威尼斯进进出出。我唯一希望的是我们有一个更好的交换制度，因为竞争变得越来越激烈，越来越难，我发现其他商人用更少的东西却换回来了和我同样多的货物。"

"这样对你是不公平的。"我几乎以一种煽动的语气对他说。在离开阿莱西奥的这几年里，我自己发明了一套新的交易方法，一直希望有机会就此向他请教，现在，机会终于来了。

阿莱西奥开始滔滔不绝地说了起来："也不能这样说，这也不完全是他们的错儿。贸易中涉及的商品种类太多，确实无法保证公平。拿一头骆驼和谷物或者玻璃交换时，由谁来决定其价值？这些都是人为的。"

"如果，如果用一种全球公认的货币来交易呢？"我急于把自己的新想法说出来，便抢先一句问道。

"噢，这倒是个不错的主意。但是怎样才能实现呢？随着世界经济的日益增长，要想用货币，即使是最近城市使用的货币买到任何一些商品都是不大可能了。"

那天我穿着一件镶着皮边的深紫色羊毛大衣，我笑着把手伸进大衣口袋里，从里面拿出一个小皮口袋，皮口袋里有东西发出清脆的响声，就像甲壳碎片碰在石头上发出的声音。我把皮口袋递给了阿莱西奥。

"打开口袋看看。"我以敦促的语气对他说。

他解开口袋，小心翼翼地把里面的东西倒在了手掌上。这是十枚玻璃珠子，圆球形，工艺精美，色彩独特，由红、蓝、白三种颜色呈螺旋形组成，每枚珠子的直径都超过了一英寸，中间有一个孔。

"玻璃珠？"他显得又惊又喜。尽管他知道穆拉诺岛玻璃生产商能生产玻璃珠，但这些时尚玩意儿他还是第一次见到。

"这些可不只是玻璃珠。两个月前，我去西西里岛旅行，中途去了穆拉诺岛，期间，一位先生告诉我岛上有一商家发明了一种新的制造玻璃珠的方法，以这种方法制造出来的玻璃珠是空前绝后的。"

"接着讲。"阿莱西奥忽然被这个故事吸引了。

"他们蒙住了我的双眼，让我骑着马，把我带到了一个商人的家里。到了那里以后，我对那个商人说我听说了他有一种制造玻璃珠的方法，用这种方法生产出来的玻璃珠是独一无二的。他点头称是，给我拿出了一把珠子，也就是你手中的这些。我记得自己对他说过我对他的话有所怀疑。那个商人告诉我，我若不信就去找穆拉诺岛上最好的玻璃制造商试试，看他们能否生产出这样的珠子，如果能，他就把自己的整个玻璃厂送给我。"

"真的吗？"阿莱西奥问道。

"我试过了，这是不可能的。我找了当地的五家不同的玻璃生产商，但都失败了。当我意识到这些玻璃珠是世上独一无二的东西时，我立刻就想到我们可以把它当作全球货币。贸易界最终要有一种货币供所有商人来使用，如果我能说服商界使用我的珠子，那就什么都解决了。"

稍稍迟疑片刻，阿莱西奥便从桌旁站起身来，口气肯定地对我说："我用。你生产多少我要多少，我会把它们分发出去作为我的新的支付手段。请把这些珠子留给我，我要派人把他们送给我那些最大的客户们，通知他们这个消息。如果你确信自己确实想继续做这件事，那么就这么定了。"

"我当然想继续做这件事。阿莱西奥，我真的不知道说什么好。我……"

∞

胡里奥坐在那儿，全神贯注地听着爷爷讲述这个故事，忘了吃午饭。听到这儿，他再也控制不住自己了，忽然顺口说道："玻璃珠子……你指的是威尼斯贸易珠吗？"

"是的，是最初的那批。我后来把这家玻璃珠子生产厂收购了下来，开始把我的玻璃珠子分发到世界各地。"安东尼奥回答道。

"可是，现在这种贸易珠子随处可见啊。我的意思是，这些玻璃珠子已经全球通用，难道这是你出的主意？"胡里奥知道自己的祖父是个有影响的商人，但还真不知道他的影响力究竟有多大。在他成长的过程中，他曾多次到穆拉诺岛去看望过祖父，就在去年，他还在祖父的码头上工作过。但祖父的生财之道对他来说仍是个谜。时至今日，威尼斯贸易珠子已成了亚欧大陆几乎所有贸易领域的流通货币。他的大脑在快速运转着，试图想要算出这些珠子的价值和这些珠子为安东尼奥带来的财富，等他的思绪最后终于慢慢停下来，他难以相信地摇了摇头，又一次重复了自己的问题。

"你是说，在进出口贸易中使用贸易珠子，这最初是你的想法？"

"对啊，胡里奥，这是我的想法。我想这个主意是上帝赐予我的。"这个发现实在是让眼前这个年轻人感到意外，他惊呆了，有好一会儿工夫，祖孙俩静静地坐在那儿，一言不发。

安东尼奥把手中的日记本翻开到其中的一页，放在他前面的桌子上，凝视着孙子的双眼，顺手把日记本转向了孙子。

"这是通往成功的第一条秘诀，"说着，他用手指了指这一页上仅有的一行字。胡里奥看着日记本大声读了出来。

准则一
只要你努力工作，上帝就会祝福你。

"爷爷，这句话又是什么意思？"胡里奥问道。

"这句话是说努力工作是成功的开始。《圣经》告诉我们，如果你对上帝忠心，他会祝福你。你会发现，许多人都会有一些很好的想法——"

"就像威尼斯贸易珠子一样的好想法吗？"

"是的，和贸易珠子一样妙的想法。但好想法归好想法，他们却从未去把它变成现实。阿莱西奥教给我这第一条原则的重要之处就在于：你认准的事情就一定要努力去做。有想法容易，但付出时间和精力去实践这个想法却是另一件事儿。"

"爷爷，我一个好朋友的父亲说他找到了一种灌溉农田的新方式，可是其他农民却阻止他这样去做。"

"胡里奥，人们会产生很多伟大的想法，但是如果我们不能战胜给我们带来负面影响的那些人，我们将一事无成。事实是：绝大多数人都是一直在等待着开始,但只有少数人才会将想法付诸实践,通往成功的彼岸。"

"嗯。如果上帝想让你成功,不管你从事什么工作他都会保佑你?"

"这也是我们对上帝的一个误解。上帝的确想要祝福我们,但是事实上他只祝福那些努力工作的人。上帝希望我们寻求他的带领,然后努力工作。其实,保罗也曾说过'如果一个人不工作,就不应该吃饭'。这句话说得很有道理。上帝是在让我们懂得勤劳的重要意义。"

胡里奥在心里记下了爷爷说的每一句话。他知道日记本中所记录的这些原则帮助了阿莱西奥、菲利普和安东尼奥取得成绩,这些原则对他自己也一定奏效。他虽然急于想听到日记本上记录的其他一些内容,但在祖父继续往下讲述之前,他要确保自己能够理解这第一条原则。

"那么说,这第一条原则主要是说'要信靠上帝,想好了你想要做什么,克服一切困难,并将你的想法付诸实践',对了,同时还要努力去工作。如果我这样做了,当我需要帮助时会得到帮助,上帝会帮助我,对吗?"

安东尼奥笑了,他知道一笔宝贵的财富已经传递给了新的一代。"是的,胡里奥,努力去做你所喜欢做的事,上帝终究会赐福给你，祝福你的事业上取得成绩。"

"你和阿莱西奥的第一次重逢就到此结束了吗，爷爷？"胡里奥问祖父。

"是的，到此结束了。那天我很晚才离开他家，坐船回到了家。第二天，我去了一位朋友那里，他是一位皮革商人，我请他把这个本子装订了一下，因为这个本子里记着我和阿莱西奥第一次重逢时所学到的所有的知识。接下来的三年来，我拼命工作，把自己关于威尼斯贸易珠的想法付诸实践。正如他所说，我的付出得到了回报。接下来，我就又期待着和他第二次重逢。"

第五章 / 第二次重逢

人非有信，就不能得神的喜悦；
因为到神面前来的人，必须信有神，
且信他赏赐那寻求他的人。

（希伯来书11:6）

三年前的那个晚上，阿莱西奥提着个灯笼坐在码头上的场景差点儿把我吓个半死。这次我来可要神不知鬼不觉。令我感到欣慰的是，这天晚上是个半阴天，我乘着一艘新船，船头呈弧形，船身比较深，在水中航行起来比较省力，并且不发出一点声响，这使我很得意。要是回到三年前，我还真不敢梦想着自己会拥有这么一艘好船。我和阿莱西奥第一次重逢时乘坐的那艘船是一艘二十多年的旧船，我通常会随身带上个小罐，把船底部的水舀出去。而如今这艘船却是全新的。

一个月前，我从穆拉诺岛上的一位工匠那里买下了这艘船。这位工匠是当地的造船名家，当初我到阿莱西奥那里工作时，曾在码头上和他多次打过交道。记得后来当他见到我时显得有些吃惊，当我提出我想买这艘船时，他更是惊愕不已。他告诉我，只能用贸易珠子来买这艘船。

"只有这样，我才能相信你是真的有钱了。"他向我解释道。

我微笑着递给他一袋珠子，他认真地数了再数，非常满意。我这才意识到我的珠子已经在该地区使用了，那种感受让我至今难忘。当我划着船儿离阿莱西奥家还有一公里的时候，三年前的那句话又回荡在我的脑海里。

只要你努力工作，上帝就会祝福你。

虽然只是简简单单的几个字，却蕴含着强大的力量。和阿莱西奥的第一次重逢以后，我就谋划着寻找时机，扩大我的贸易珠子的影响力。虽然我遇到了一些困难和挑战，但经过几个月的不懈努力，有几位大商人开始在交易中使用我的珠子。三年时间里，这些珠子已成为威尼斯地区的标准交易媒介，我也开始了自己人生中的第一次财富积累。我的朋友和家人对我的成功都不敢相信。我渴望见到阿莱西奥，给我以后的人生提点建议，因为我又开始面临着一些新的问题和新的挑战。

我仔细分辨着前面的海岸线，寻找着那个熟悉的码头，我心里曾一度想，这个码头不会是从人间蒸发了吧，阿莱西奥不会是把他的实业从此地迁走了吧。阿莱西奥曾提过他要把他的公司迁到这座城市的北边去，因为那里是贸易的中心地。可是，如果他真的搬走了，也肯定会通知我的，我心里嘀咕着。

就在这时，我看到了他的码头。

依旧是这个饱经风霜的码头，依旧是那些船只，整整齐齐地拴在岸边的木头桩子上。码头显得有些荒废了，我快速地扫视着这个码头，寻找着那盏闪着柔光的灯笼，寻找着那位坐在码头上的老人，可是，我却一无所获。

我放轻了脚步，纵身跳到木板上，把我的新船系在一根木桩上，快速走上了码头，渴望马上就见到我的朋友。这次，他没有等我，至少没有在这儿等我，于是我便向他的家走去。当我快要走进他家的前门时，发现那里也没点灯，空气里也闻不到炖菜的香味儿。来到门前，我才发现有一张纸对折在一起，用一根小钉子钉在门上，原来这是留给我的。

我马上把它取下来打开一看，上面用黑色墨水写着一行字：

到磨坊附近的教堂来见我，礼拜将在傍晚开始，不要迟到。欢迎你，我的朋友。

——阿莱西奥

我把便条上的字又读了一遍，心里想，他为什么要安排我到教堂去见面。我检查了一下随身物品，算了算走到教堂起码要用半个小时的时间。虽然在这条街不远处的马厩旁停着的一辆马车可以送我，但是我还是想自己走着去。

我一边走着，一边把手伸进肩上挎着的那个小皮包里，抚摸着这个日记本，这个本子已跟随我三年了，自从上次和阿莱西奥重逢后，我就把自己做生意的一些经验以及一些私事记录在上面，期待着和阿莱西奥一起分享自己的这些经历，期待着在这上面再记上几条人生箴言。

天空中的云散开了，月亮从云层后钻了出来，把柔和的月光散在了我面前的小路上，散在了脚底的泥土上，洒在了路旁三三两两的屋顶上。从近处的一条运河里飘来了一缕缕熟悉的海水腥味，传来了一阵阵货轮驶过的声音，这时我猛然想起了多年前的那些漫漫长夜，我和菲利普坐在这条运河边上，仰望着星空，听着他给我讲述伟大的造物主的故事。

那些不眠之夜令我终生难忘，每当夜晚仰望天空之时，我都会想起这么一句话："耶和华说，我知道我向你们所怀的意念是赐平安的意念，不是降灾祸的意念，要叫你们末后有指望。"

我疾步如飞地走在夜晚的马路上，嘴里小声地向上帝做了祷告：感激他对我生活的庇护，如今我又面临着种种艰难抉择，内心非常痛苦，希望他帮助我渡过眼前的难关。

前面街道的某个地方传来了人们集合的声音，我知道教堂的礼拜即将开始了。记得我在码头上工作的那几个月，阿莱西奥每个星期天晚上都到这座教堂来做礼拜，很晚才回家。

这家教堂虽然有些简朴，但是很美。教堂长有五十英尺，宽三十英尺，前门上方是一个巨大的拱形门廊，几扇窗子至少有十五英尺高，从天花板一直到地面，上面的玻璃显得有些破旧。其中的一扇窗子上贴着一幅圣·托马斯的照片，另一扇上贴着伟大领袖摩西的照片，他的手里拿着《十诫》。这是上帝的律法，我一边向教堂走着，心里一边想。

教堂的门敞开着，几个人聚在屋子里面。我快速地看了一下，却没有找到阿莱西奥的影子，于是便悄悄地向教堂后面的长凳走去，这时，有两个身着素装的祭坛助手从我身边经过，这让我想起了阿莱西奥曾给我讲述的他和菲利普的故事，不由自主地笑了。忽然，我听到了一个声音，转头一看，发现阿莱西奥正独自一人坐在房间的角落，一边咧着嘴冲我笑着，一边挥着手招呼我过去。

我们彼此问候过后便静静地等待着礼拜仪式的开始。

那天晚上，我坐在教堂里，心里不禁想起了自己以前在教堂生活的那段岁月，感慨自己如今的人生所发生的巨大变化。当初在教堂时我学会了长时间缄口不言，而如今很善于与人交际，这一点可谓众所周知；当初在教堂时我和女性寡于来往，因为我们都发过终身不娶的誓言，而如今我有生以来第一次萌发了想要结婚的念头；当初在教堂时我一无所有，而如今我拥有了自己的船队和雇工，积累了自己的财富。

耳边传来了那熟悉的声音，礼拜仪式开始了，我停止了自己的思绪,站起身来,和那晚同来参加礼拜的几十人一起唱起了赞美诗。唱完赞美诗后,牧师站到了我们这些信徒面前开始朗读《圣经》,不一会儿,他读到了耶稣对那个富有的青年财主所说的那段话。那段话我很熟悉。牧师解释道:"上帝告诉这位富人把他所有的财产都变卖掉分给穷人。"

牧师说这些话时,我不由自主地注意到他的目光好像在直视着阿莱西奥,而阿莱西奥的脸上却始终露出满意的笑容。牧师接着说:"耶稣说过,让一个富人进入神的国要比让一匹骆驼钻过针眼还要难得多。"我再次感受到了牧师和阿莱西奥之间那种无声的交流,不禁对自己的财富心怀愧疚。因为我今天的生活毕竟是上帝所赐,我应该只是一味地追求财富利润吗?我晃了晃头,努力凝神接着听布道。

牧师又说了一会儿,便开始准备圣餐了。我和阿莱西奥一起沿着中间的过道走过去领取了我们那份,向上帝做了祷告。那晚从教堂离开后,牧师在布道中所说的那些话一直回响在我的耳边,这时,阿莱西奥的话打断了我的思绪。

"你过得好吗,安东尼奥?我听说了你的玻璃生意做得不错,我知道你能学得很好。"阿莱西奥说话的口吻就像是一位自豪的父亲。对于这点,我并不在意,因为他毕竟是我的顾问,我的导师。

"正如您所说，我过得很好。自从我们上次重逢以后，我就实践您告诉我的第一条原则，并且收到了很好的效果。我的财富增长了，我现在所拥有的财富比我想象的还要多。当然，我也遇到了一些新的挑战。"我说这些话时紧锁眉头，因为我想起了那些似乎对我心怀憎意的人。忽然，我想到了那位牧师。

"阿莱西奥。"

"怎么了，老朋友，遇到什么麻烦了？"

"是那位牧师。我希望自己不要被他的话所困扰，可是，他所说的那些关于富人和神的国的话真的把我搞糊涂了。"我有些胆怯地说着，似乎在讨论一个禁忌话题。

阿莱西奥微笑着对我说："安东尼奥，我明白你的感受。我早就知道牧师今晚会读到这些经文，其实他也是我的好友，我们经常待在一起。他的初衷是好的，只不过对这句经文的意思尚存在着某些误解。"

"可是……"

"我明白你的意思。牧师对以富济贫这件事显得十分热心。其实，耶稣处理我们的问题时都是一对一的，也就是说，他把我们每个人的生活都看成是独立的、与众不同的。你看，当耶稣在对那位青年财主说话的时候，他的话针对的是这个青年财主的情况,耶稣知道那位青年财主把金钱当作了偶像,他想让这位财主从中释放出来。他知道,使这位青年获得自由的唯一方式,就是把他从被俘虏的事物中解救出来。"

"是金钱?"

"一点儿没错。"

"你是怎么知道耶稣不是对每个人说这话的?"

"因为在后面的几句经文里,信徒们向耶稣问了同一个问题,他们问道'主啊,如果这个年轻人都不能升入天堂,难道我们这些人就能吗?'他们之所以这么问,是因为他们也有出生在富人家庭的背景。"

"真的吗?"

"是真的。其实詹姆斯和约翰都是一个叫西庇太的富有鱼商的儿子,彼得是他们渔业生意的合伙人。"阿莱西奥回想着从经文上读到的话笑着对我说。

"另外,耶稣还遇到了其他一些相当富有的人,可他从未让他们卖掉自己的财产,比如说,鱼商西庇太、扎凯厄斯、税务官马修斯、罗马政府官员以及尼哥底母等,此处仅列举几例。耶稣似乎会根据他们个人的具体情况、内心世界以及他们的动机予以区别对待。我们还应该记住,在《圣经》的同一章里耶稣还提到过,想要进入神的国,在人不可能,但在神凡事都能。"

"是吗，骆驼也能升入天堂吗？"

阿莱西奥走得越来越快，我看见他家就在马路前方不远处，屋子里的灯亮着，于是心里暗暗地想，应该是有人在厨房里忙着为我们准备晚饭了。

"阿莱西奥，我去过耶路撒冷几次，听说在古代，为了保护这座城市，人们在城市周围建起了围墙，在城墙上挖了几个很小的门，人和动物只有跪着才能进入这座城市，这些小门也就被叫作'针眼'。"

"也就是说，让骆驼穿过这个针眼也是可能的，只要骆驼跪下来就做到了，就像富有的人一样。我们一定要谦卑，跪下来祈求上帝，并且一生都要坚持这样做。"我说。

"说得好。"

"可是，今晚我听牧师说到了放弃财富是多么重要，他警告我们说因为富人们生活得太舒服了，所以穷人们才会一无所有。"

当我们到达他家时，发现前门敞开着一条缝，里面飘来了蔬菜汤的味道，我的食欲立刻被勾了起来。阿莱西奥推开门走进屋，用手指着屋子中间摆着的那张中国式餐桌说："快过来坐下，安东尼奥，你一定饿了吧？"我们做了祷告，接下来的几分钟时间里，便是狼吞虎咽地喝着那美味的蔬菜汤，大口吃着新鲜奶油的热面包。阿莱西奥打破了沉默开口讲话了，"许多人的确把金钱和财富看成是仅有的一张馅饼，"他伸手把一张水果馅饼放在桌子中间，接着说，"他们想，如果有人吃得太多了，那么留给其他人的就少了。"他一面说着一面用刀切了一块放在了自己的盘子里。"但这种想法是错误的。你看，上帝的资源是无穷无尽的，可不只这一张馅饼。他的旨意是祝福我们，以便我们可以在这地上扩张他的国度，上帝可以按照他的意思做足够的馅饼。"

我也切了一块馅饼，问道："有人说商人获取利益是建立在牺牲他人的基础之上，你是怎么认为的？"

"问得好，问得好。这些人也同样未能理解企业这个词的概念。你看，当一个商人把他的产品或服务出售给一个顾客的时候，只要这种产品或服务是有价值的，那么买卖双方也就都获益了。顾客之所以获益是因为他能够使用这种新产品来改进自己的生活；商人之所以获益是因为把自己生产的有价值的产品提供给了他人。安东尼奥，所谓'财富就是罪恶'这样的话根本就是个谎言。"

吃完了自己餐盘中的水果馅饼，我想，现在该是我向阿莱西奥请教问题的时候了，这些问题早就在我的脑海里准备好了，还有几件事一直在困扰着我。

"阿莱西奥，我不是想和您争论什么，而是的确有太多的问题需要和您讨论。"

阿莱西奥对我点了点头，示意我说下去。

"我有几位朋友，他们是和我一起在修道院长大的。他们爱上帝，也爱我。他们经常对我说上帝不想让我成为有钱人。他们还告诉我，上帝想让我过清贫的生活，就像那些修道士一样，向上帝发誓要过一辈子清贫的生活。"

"这完全是两码事。"阿莱西奥把餐盘推到一边，双手合拢放在面前，胳膊肘支在餐桌上，见此情形，我便知道他要发表自己的重要观点了。"《圣经》上清楚地写到，'亲爱的弟兄啊，我愿你凡事兴盛，身体健壮，正如你灵魂兴盛一样。'现在，我明白了，你的那几位朋友一定也是按照上帝的旨意去做的，因为他们是传道士，他们是以自己的方式去遵从上帝的旨意，所以他们会以此为荣，他们也会因此而得到上帝的保佑，只不过得到保佑的方式和我们不同。你一定要知道，上帝渴望你的灵魂是健康的，这一点比什么都重要。也就是说，上帝想要对你有亲密的了解，想要成为你生命的一个重要部分。"

"上帝又是怎样让我们拥有一切，或者是让我们一无所有？"

"切记，虽然上帝能够揣摩我们的心灵，了解我们的心思，但是我们一定要爱他是因为他是上帝，而不是因为他能给予我们想要的。"

我全神贯注地听他说着，他的这些话对我来说很新鲜，我不想漏掉一个字，恨不得当晚离开他家之前就把这些话记在我的日记本上。

胡里奥坐在那儿，全神贯注地听祖父讲他和阿莱西奥的第二次重逢，无意间低下头，看见了摆在桌上的那个包着皮革的日记本。胡里奥瞥了一眼祖父，看见他在向自己点头示意，于是伸手翻开了下一页，就在这页的中间写着两行字，他大声读了出来。

准则二
经济上的富有和灵魂的昌盛是息息相关的。

胡里奥把这些至理名言记在了心里。

"我想现在我明白这句话的意思了，爷爷。你们的第二次重逢就这么结束了吗？"

安东尼奥咧着嘴笑了笑说："还没有结束，我还有一件事没问阿莱西奥呢。"

∞

记得那天吃完晚饭后我俩谁也没有说话,过了好大一会儿,阿莱西奥开了口,我俩聊起了心灵上富有的重要性。

"安东尼奥,除了生意以外,你现在其他方面都好吗?"

"都好,就是有一件事……"

"是吗,快说来听听。"

"嗯,这事和一个女孩子有关。"我说着,紧闭上了双眼,这样就看不到阿莱西奥的表情了。

他的表情我没看见,但是却听到了他的笑声,他的笑声很大,笑声持续的时间很长,笑得肚子有节奏地抽动着,我感到肘下的中国餐桌也剧烈地颤动着。我试探着睁开了眼睛,慢慢地把目光投到了他脸上,看到了他的胡须还有藏在胡须后的笑容,于是紧张的心情渐渐放松下来。毕竟我知道他会就这个问题给我一些建议,并且这些建议要比任何惩罚都有价值。这么多年来,我一直在观察他和他的妻子,我觉得他们夫妻间的那个秘密一定对我有所帮助。

"一个女孩?她叫什么名字?"他笑着问我。

"玛丽亚。她是个完美的女孩。我之所以这么说,因为我们二人有很多共同的地方,菲利普也很喜欢她。还有,她很会逗我笑。我还忘了一点，她是此地最漂亮的姑娘。"

"好，看来我不能就这个问题给你提供太多的建议了。只要你知道自己能给她想要的生活，那就继续发展你们的关系吧。"

"给她想要的生活？"我问道。

"是的。上帝把一个不顾家的男人和一个没有信仰的男人做了比较，他认为前者比后者更卑鄙。因此，在你娶她过门之前，你要能够照顾她。你们结了婚以后，你就要甘愿为她去做一切事情。这是上帝的原则，不是我的原则。"

我把日记本翻过一页，看见上面写着：

准则三
一个男人必须尽他所能来供养家庭。

我向阿莱西奥保证，我能给这个女孩想要的生活，我告诉他在过去的三年里，贸易珠子给我带来了一小笔财产。他点头同意了。我们二人边说边笑直到次日凌晨时分。然后，他走着把我送到了港口，我自豪地带他看了我的新船，准备离开了。记得和老朋友挥手告别的一刹那，想起下次见面将是三年后了，真有点等不及了。我承诺要做好将来的每一件事。

我不能再出更多的差错。

第六章 / 第三次重逢

一个聪明人，把房子盖在磐石上。雨淋，水冲，风吹，撞着那房子，房子总不倒塌，因为根基立在磐石上。

（马太福音7:24-25）

我永远也不会忘记那个晚上，就在那天晚上，我和米洛斯刚刚清点完当日贸易珠子的存货清单。米洛斯是我的销售经理，也是我的好友。我是在去希腊做贸易时和他相识的，当时，他是一名石匠，在为当地的一位商人工作。米洛斯的家族是希腊的石匠世家，五代人都以此行当为生，家中兄弟四个，他排行老四，三个哥哥同他一样，也选择了石匠这个世代相传的家族职业谋生。在和他聊天过程中，我发觉尽管他很爱自己当时的工作，可是他更加渴望新的挑战。我们俩有许多共同的地方：热爱生活，喜欢手工艺，喜爱钓鱼。当我向米洛斯提出让他加入到我的珠子生意中来时，他欣然接受了。我俩很快就成了无话不谈的好朋友。

因为我们对彼此的公司都很感兴趣，所以我们在一起的时候除了规划公司的未来，就是去钓鱼。米洛斯刚到穆拉诺岛时只有二十二岁，身高却长到了一米八，比这个小岛上的其他人都要高，就凭这点，他没费半点吹灰之力很快成了当地的名人。他学东西快，工作又肯卖力，所以很快便被提升到公司的管理层，几个月内，他又被提拔为首席设计师。有了米洛斯在生产线为我把关，我专职负责日常经营管理工作，我们的公司开始有了新的起色，交易额增长得比我们想象得还要快，原有的玻璃厂已经满足不了需求量，所以，我们便着手筹划着扩大生产规模。

我至今还记得，当时我和米洛斯正往码头那边走，准备去收拾一下船，如约前去拜访阿莱西奥，就在那时，我们听到了一种声音，那是从我们工厂的方向传过来的一种"轰轰"的声响。我俩转过身顺着响声的方向一看，马上惊呆了，我们看到了一大簇火焰直冲云霄，足有一百英尺高。等我们转过神来，立刻就拔腿往回跑去。

我的双腿就像失去了控制一样跌跌撞撞地奔跑着，跑到离着火的建筑物一百二十英尺的地方，我伸出了双手，想要试图阻止建筑物倒塌下来，可是一切都是徒劳。我迎面倒了下去，脸砰的一声撞在了地面上，整个身体狠狠地摔在了海滩上，衣服被搓掉了，胸膛上沾满了贝壳和沙子。米洛斯停了下来，返回来把我从地上拉了起来，我俩相互搀扶着，继续向着着火的地方艰难地跑去。

最先着火的是厂房东侧，只见整个东侧厂房被熊熊燃烧的大火所吞灭，顷刻间便倒塌在地。几名工人已经赶到了现场，想方设法去救火。我让他们从厂房到海滩排成了一条队，用木桶把水运到现场，虽然这点水根本无济于事，但他们还是不停地工作着。

这座老厂房已有五十多年的历史，高不到十二英尺，屋顶和四面墙都是由从岛上砍伐的原木做成的，虽然看起来很不起眼，却在生产中发挥着它的作用。原来的厂房只有二十英尺宽，五十英尺长，我和米洛斯最近又把厂房拓宽了三十英尺。

六年前我把这座工厂买下来时，便派了一名保安看门。值得庆幸的是，厂房失火时只有他一人在现场，现在我看到他正安全地站在前门附近的地方，旁边已是一片灰烬。

厂房北侧的墙开始摇摇欲坠了，在墙下不远的地方就是救火的工人们，不知是谁大喊了一声，工人们及时地躲开了，只见二十来英尺高的一段墙"轰"的一声倒了下来。大火把附近的棕榈树叶也吞噬了，后来我听说，附近几座岛上的居民都看到了这场大火。

厂房不远的地方就是港口。还没等我们把船只移开，火焰便点燃了港口，开始向停泊在港口上的这些船只烧去了。等大火最后燃烧殆尽时，天已经亮了，晨曦中弥漫着浓烟。米洛斯朝我走了过来，伸手递给我一个小木盒子，上面写着几个字，是他用灰烬中捡来的木炭写的。我发现他的脸部已被严重烧伤了。

等他转身离开后，我打开了木头盒子，发现里面有四枚小玻璃珠子，还有一张羊皮纸，上面画着一些简图。我想这些珍贵简图一定会让我铭记这次灾难。我曾经美好的生活、我曾经辉煌的事业、我曾经那巨大的财富，如今仅剩下手中的这只小小的木头盒子，望着它，我眼里充满了泪水。"完了！"我自言自语，慢慢盖上了盒子。

我一个人待在那里，开始埋头哭泣，我失败了。手中木头盒子滑落到了地上，不经意间，我看到了米洛斯在盒子上写的那几个字："这算得了什么，我们还可以重新开始。"仿佛他曾经历过这样的失败。我回想起了米洛斯和他在希腊的家人，如今米洛斯投靠了我，我可真是没用，让他也受了牵连。

我的胸口一阵剧痛，疼得我难以忍受，感到一阵恶心，想要呕吐，双腿又像灌了铅一样，一屁股坐在了附近的一个船坞上。"上帝啊，为什么要这样？为什么？"我哭诉着，感到特别的无助和恐慌。

就在此时，我感到有一只手抚摸着我的肩膀，我赶紧抹了抹脸上的眼泪，试图掩盖自己的情感，抬头去看身后的那张脸，其实不用看我也知道身后的人是我的妻子，玛丽亚。她还像我刚认识她时那么美丽，长长的黑发，白皙的皮肤，和村里那些相貌平平的女孩子们截然不同。她懂得努力工作的重要性，这未尝不是件好事。可是如今，她已怀孕三个月，她又要为这个家忙里忙外了。

事到如今，所有的一切仿佛都变了，我们的安全感、我们的希望、我们的梦想都化为乌有。就在看到玛丽亚的那一刻，我再也抑制不住眼中的泪水，泪珠就像断了线的珍珠一样流了出来，身体也从石头上滑落下来，双手紧紧抓住了她的脚踝，身体缩成一团伏在了地上，她俯下身子蹲在我的身旁，一直陪伴着我，用手擦去我脸上的汗水、泪水和灰尘，贴着我的耳边轻声对我说："不要怕，亲爱的，我会永远爱你。我们从头再开始，我们还可以从头再来。"她柔情的声音让我心里感到非常温暖，至少在那一刻，我相信了她的话。既然目前所发生的一切已无可挽回，我于是站起了身，和她拥抱在一起。

"安东尼奥，如果上帝想让我们这样，我们能拒绝吗？"

我正要开口说话，她却用手捂住我的嘴，"嘘——，咱们一起回家吧，家里有人等着见你呢。"

我们小两口开始朝着村子的方向走去。这时，初升的太阳刚好跃出地平线浮现在海面上，霞光万丈，海面上波光粼粼。两年来，我每天早上都会走在这个小岛上，但我从没有停下来观看一下日出。

我忽然想起了手中拿着的这个破木头盒子：有它在，我们还可以再重新开始。我们快到家时，发现村里人都在盯着看我们，可是却没有一个人和我们说话。在这么一个特殊的日子里，我不知道他们为什么会这样，也许是因为他们就像我一样没有勇气说话，也许是因为他们想以这种方式来羞辱我，也许是因为他们不知道此时该说什么。

然后，我看到了他——阿莱西奥，坐在我家房前的一条板凳上和我的那只名叫西仔的猫静静地玩耍着。西仔是一只波斯猫，白色，是我从威尼斯带回来的。就在那一刻，我想：阿莱西奥是否知道了刚刚发生的这一切呢？只见他站起身来伸出双臂拥抱住我。

寒暄几句之后，阿莱西奥把我领进了厨房，开始继续准备他所谓的"最可口的威尼斯风味早餐"。虽然他没有必要自己去做饭，可是他却认为做饭是一门艺术，并因此而以一位伟大的艺术家自诩。其实，他确实称得上一位艺术家，因为他曾有过几次机会受邀去为那些常到威尼斯访问的外国元首准备晚宴。我和玛丽亚在前屋等着，阿莱西奥在后面的厨房里"叮叮当当"地忙了起来。他一边做着饭，一边哼着小曲，还不时地笑着。

我心里嘀咕着："我都成这个样子了他怎么还这么高兴？他一定知道一些我所不知道的秘密吧。"我想对了。

当我们在厨房旁的房间里坐下时，我才意识到自己有好多年都没有真正坐下来吃顿早饭了。我每天的生活通常都是在码头上或者是在奔波忙碌中开始的。当阿莱西奥端着一大盘鸡蛋、羊腿和西红柿走进屋时,我笑了,这还是火灾后我第一次笑。尽管我当时一点儿也不饿,但是还是迫使自己吃了一些食物,强打着精神和我的老朋友聊着天。期间,我的妻子一直陪伴在我身旁,那只波斯猫也蜷伏在桌子下面,我顿然有了安全感。

我们聊了一小会儿天,阿莱西奥转入了正题,"我从一个朋友那儿听说了你的事,他昨晚也在这座小岛,在离失火现场不到一公里的地方从船上卸机床。他认为是熔炉的热量太高最终把厂房的木头点燃了。"

"阿莱西奥,那场景太可怕了!当时火势非常大,我们还没来得及组织人员施救,半座厂房就给烧没了。我们尽力去挽救了……能做的都做了。"我故作镇静地对他说。

"我知道,我的朋友。我知道这一天对你来说很艰难。但是,事已至此,就不必后悔了。不是还有我在吗?"他长满胡须的脸上露出了笑容,一边说一边不停地祈祷着。

我第一次注意到他的眼角已长出了鱼尾纹,脸上的笑容更多了,笑声也更加爽朗了。五十五岁,身体健壮,头脑灵活,过往的岁月给他带来的好处是,他性格中的锋芒和棱角已随年纪的增长逐渐被磨平了。

"谢谢你来看我。"我对他说。在我俩相识的这些年里，这已是阿莱西奥第二次来穆拉诺岛。第一次来这儿是在我和玛丽亚结婚那天，他出乎意料地给我们带来了一船贺礼，其中包括四名歌手一名杂技演员来我们的婚礼献艺祝贺，使我们的婚礼高潮迭起，给了我们一个大大的惊喜。今天他又来了，在我最需要他的时候出现，来为我加油鼓劲。

我们吃完早饭后，玛丽亚去了厨房，屋里只留下我和阿莱西奥两个人。我尽力想找话题和他聊天，但是想了半天还是决定要征求一下他的意见，于是开口问道："我现在该怎么办？"

"你说这话是什么意思？"阿莱西奥问道。

"我是说一切全完了，我现在变成了一个穷光蛋。我必须找点新的事情做。我其实整个早上都一直在想自己也许应该回到修道院去生活。可是，我又不能那样做，因为我舍不得玛丽亚。也许我应该到附近的某个地方去生活工作。阿莱西奥，请告诉我，我的职业生涯是不是已经结束了？"

"你为什么要这么说？"

"很显然，上帝已把我的生意之门给关上了，不然，他为何要把我的工厂给烧掉？"阿莱西奥的脸色变得严肃起来，那天早上我第一次看到他有了这种表情,很显然,他不同意我刚说过的话。

"安东尼奥,认真听我说,我有一个很重要的经验要教给你。有些人之所以葬送了自己的前途,是因为他们对自己失去了信心,梦想也就随之破灭了。"我第一次对阿莱西奥的话感到不耐烦了,心里暗暗想:"都什么时候了,他怎么还这么说?"

"安东尼奥,记住:如果你不惧怕失败的话,那么失败就不可怕。试着想一想,如果蝴蝶不破茧而出,它们就会死亡;如果小鸡不破壳而出,它们就会丧生。"

我点点头。

"安东尼奥,上帝是所有好事的主宰者。他想给予我们的是祝福而不是悲剧。可是,他还经常会给我们的人生安排一些困境,这样我们才能感受到他的伟大。如果我们遇到困难时不迎难而上,去战胜困难,我们就不会变成上帝想让我们变成的样子。我再问问你,你的玻璃珠子是怎样制成的?"

"噢,先把玻璃加热,然后造型,再加热,再……"

"这就对了。如果这些玻璃不经过高温,能成就你的伟大事业吗?事实上,不是高温使玻璃有了最后的形状和色彩吗?"

"我明白了。或许上帝正在试图告诉我：他要把我生命中的一扇门给关闭了；或许他正在试图引起我的注意；或许他是想让我回到修道院去。"

"这些都有可能。但是最有可能的是上帝为了伟大的事来预备你。这次火灾也许是你人生中遇到的最重要的一次考验。一遇到困难就认为是上帝把那扇门给关上了，这是我们对上帝最大的误解，这一点一定要记住。其实并不是这样，更多的时候，他是在为你准备一份特殊的礼物。请铭记这句话：**你所遇到的困难不但锻炼了你的品格，还为你承受祝福作预备。**"

"所以说，失败是上帝给予我们的，我们因此也就——"

"上帝还会给予我们各种挑战，安东尼奥。"

"好，上帝给予了我们各种挑战，我们就能磨炼自己的品格，把自己打造成上帝所希望的样子吗？"

"绝对没错。还不仅仅这样，他通过各种挑战使我们更加刚强，更加有影响力。"

"阿莱西奥，在救火时我无意中听到几个工人说是魔鬼把我们的工厂给吞噬了。说实话，我开始在想这罪恶就是我自己。你认为我的想法对吗？"

"是啊，安东尼奥，我们经常会把错误归咎于敌人，这场大火确实'像吼叫的狮子，寻找一切可吞吃的人。'它试图杀死我们，偷走我们的财产，把我们彻底毁灭。"

"这么说来魔鬼就是它啦！"

"还不能这么匆匆定论。昨晚这里发生的一切可能不能归咎于敌人，而是另有原因。"

"另有原因？"

"是的。我们有时会把自己的一些境遇归咎于上帝或者是敌人，其实这些事情也是有其发生的原因的。就你的情况而言，其原因就是你的这座厂房当初也许只是按照一到两座熔炉的规模建造的，而你却在这里面架起了好几座熔炉。这些熔炉散发出来的热量太大了，最终导致了厂房失火。所以说导致这场火灾发生的原因很简单，并不像你想的那样是魔鬼吞噬了你的工厂。"

阿莱西奥真是一语中的，我感到了一点点愧疚。"我知道了。我想这就是你要告诉我的另一条经验吧？"

"是的。""**要敢于为自己错误的决定所导致的后果承担责任。不要把责任转嫁给他人。**"

"可是我现在该怎么办？我的工厂没了，我的珠子没了，我的船队没了，我现在身无分文了。"

"首先，必须认识到你所面对的并不是什么羁绊，而是人生的一个新台阶。只要你有决心，你就能利用这次机会把你的生意做得更强更大。"

"可是，我怎样做呢？"

"你不是曾经告诉过我你和米洛斯正筹划着要建造一座新工厂吗？"

"噢，对啊，可是我——"

"好，既然你们已经初步筹划此事了，不是早晚都要付诸实践吗。只不过现在要比你们所希望的时间要早一些。安东尼奥，你现在要把此次事故当作壮大你自己的催化剂。你别无选择。"

∞

胡里奥插了一句话，打断了祖父，"爷爷，你又学到了哪条原则？阿莱西奥又教给你什么经验？"

安东尼奥伸手把那个已经泛黄的日记本翻到了下一页，微风吹来，把那一页页已泛黄的纸吹得"唰唰"作响。胡里奥翻到那一页，慢慢地读着。

准则六

不要把挑战看成绊脚石，而要看成铺路石。

胡里奥不想把这些宝贵的经验给忘了，于是便把日记本翻到了前面，把这些经验从头又温习了一遍。

此刻，阳光开始斜射到了高高的圣彼得大教堂上，胡里奥这才发觉再有几个小时就天黑了，而余下的几个小时对他来说是多么宝贵。安东尼奥深深地叹了口气，注视着胡里奥的双眸。

"就在那年，我和米洛斯开始努力重建我们的工厂。令我们感到意外的是，我们的几个大客户还派了一些工人来帮忙，在短短的几个星期内，一家崭新的工厂就建造完工了。我们接下来的生意发展得很快，仅新工厂投产第一年的订单数要比我以前六年的订单总数还要大。这次挑战把我打造成了一个更成功的人士，这一点毋庸置疑。我现在有幸拥有了一个更大的公司，雇用了更多的工人，同时也遇到了更多的挑战。"

"有幸遇到了更多的挑战？"

"是的，胡里奥。你知道我学会了如何面对挑战。在接下来的三年中，我却遇到了更多的挑战，我不知道如何应付这些挑战，我只能等。"

"你还在等什么呢？"

"当然是等着下一次见面。我和阿莱西奥的下一次见面了。"

第七章 第四次重逢

你们要过去得为业的那地，乃是有山、有谷、雨水滋润之地，是耶和华你神所眷顾的。从岁首到年终，耶和华你神的眼目时常看顾那地。

（申命记11:11-12）

当我转过运河的转弯处时，我意识到我和阿莱西奥的此次重逢将具有非常重要的意义。河岸上高楼林立，灯火通明，这番景象让我想起了三年前亲身经历的那场可怕的火灾，当时，巨大的火焰吞噬了我的工厂，照亮了小岛的上空。可如今，当初发生的一切都渐渐地被我淡忘了，我经历了一次又一次巨大的挑战，成就了今天的伟大成就。这又一次证明阿莱西奥说的话是正确的。

那场火灾发生后，我便重建了我的工厂，还认识了几位来自中国和西班牙的重要商人。他们一致决定要把我的威尼斯珠子作为他们首要的流通货币来使用。在我经历灭顶之灾时，是阿莱西奥的主意拯救了我。这些从东方和西班牙新接来的订单使我小岛上的工厂很快便全负荷生产，那年年底，我和米洛斯就筹划着再次扩建工厂。在阿哈默德出现之前，这一切进行得都很顺利，应该说非常顺利。

提到阿哈默德，我的脑海中立刻就想象出了这个商业强盗的形象，他长得很吓人，一想到他的那张脸，我脖子后的汗毛都立了起来。他的颧骨高高凸起，好像把双耳都遮住了，活像一个怪物。黑黑的面孔上长着一双发着绿光的眼睛，就像两颗绿宝石。头发又黑又长，披在后背，在后背中间的地方扎了一下，满脸的络腮胡子和头发一样黑。他是历史上最臭名昭著的一位商人。

当初我在码头上干活的那段日子，经常在深夜听人讲起有关阿哈默德的故事。阿莱西奥也曾亲自给我讲过一些关于这位伟大的沙漠商人的故事。传说中的阿哈默德既强壮又聪明。据几位码头工人说，他曾赤手杀死过一条鳄鱼。和他这样的人相处显然也是危机四伏。

有关阿哈默德的故事是如此具有传奇色彩和神秘性，以至于好多人相信他根本不是个人。阿莱西奥说他在去埃及的一次旅行中曾见过这个人。我也曾问过自己难道真的有这么一位像幽灵一样的商人吗？直到有一天我亲眼见到了这个人，我的所有怀疑才被打消了。

就在一个月前，我去摩洛哥西北部的卡萨布兰卡市办事，住在了一家小客栈里。一天晚上，太阳快要落下西山时，有人敲我的房门，开门一看，来者是一个男孩，十四五岁的样子，只见他全身发抖，仿佛见了鬼一样。原来这个男孩是来给我送信的。他用希腊语磕磕巴巴地告诉我，阿哈默德听说了我的贸易珠子的事，他还告诉我，这位大名鼎鼎的商人想要见我，是单独见我。男孩递给我一封羊皮纸信，上面写着收信人姓名等信息，他让我走到我房间的阳台上，向着河水汇入地中海的方向望去。

送信的孩子说完后便离开了，由于走得过于匆忙，差点儿摔倒了。我转回身来到了阳台门前，门里面挂着一幅半透明窗帘，一阵暖风吹来，窗帘迎风向里鼓起。透过窗帘，我模模糊糊地看到了水面上有一艘船，离我房间不到四百英尺，正慢慢地向这边驶过来。我战战兢兢地开门走到了阳台上。

这艘帆船雄伟而壮观，有两百英尺长，三十英尺宽，船首向空中翘起至少有二十英尺，上面雕刻着一个龙头，两侧的船身是由黑木板制造而成，用专用的柏油密封，船身上侧从船头到船尾安装着华丽的木头栏杆。我还看到了船舱里有二十多个桨手探出半个身子卖命地摇着船桨。

四根桅杆上的船帆有甲板那么宽，飘扬在高空中，有七十二英尺，帆布上同样绣着和船首一样的龙的图案。我忽然醒悟，这不正是阿哈默德的船吗，因为众所周知阿哈默德使用龙的图案作为自己的商业标识。

我扫了一眼甲板，看到几个人在来来回回地忙着搬箱子，操纵着船帆，却没见到阿哈默德的人影。

当帆船经过我房间前时，阿哈默德露面了。他的腰间缠着一条白布，似乎镶有金边，袒露着胸膛，脖子上带着一枚金色的大奖章。他肌肉非常发达，我马上相信了那些关于他斗鳄鱼的传说。他站在那里，双手扶在栏杆上，双眼直视着河岸，手腕上带着黄金手镯，手指紧紧地抓着栏杆，手臂上的静脉高高凸起。

就在那一刹那，我的直觉告诉自己应该转身逃走，但是我还是鼓足了全身的勇气站在那里。我也摆出了和阿哈默德一样的姿势，站在阳台上，双手握着石头栏杆。此刻，他离我大约二百英尺，我们俩将有一次短暂而又近距离的邂逅。我手里握着送信人给我的那封羊皮纸信，心想着这里写的是什么内容：这是一份商业邀请函吗？不，也许是几句威胁的话，甚至更糟，是一张判决书。

我目不转睛地看着他，他第一次把头转了过来，脸上没有一点笑容，目光从未从我身上离开过。迎着落日的余晖，他的那双眼睛深深地印在我的心里。船从我的房前驶过去了，他又看了我好一会儿，然后转身走进了船舱。

当时我的心跳加速，呼吸急促，手心上的汗滴滴答答地流了下来。我急忙把手中的那封羊皮信打开，看见汗水把信纸浸透了，上面的字迹有些模糊了，可是，我还是读懂了上面那些漂亮的希腊文字的意思。

我一直在关注你，现在是我们见面的时候了。三天后的晚上，驾船来摩洛哥附近的珊瑚岛见我，就你一个人来，不要带任何同伴，具体事宜见面后再详谈。

信纸上涂了一层蜡，上面盖着枚龙头印章。我坐在房间里的一把小椅子上，把信纸的字从头至尾又读了好几遍，"他为什么要见我？"那天晚上我在屋子里不停地走来走去，大脑一直在想着这个问题，恨不得马上就离开小客栈回到玛丽亚的身边。第二天一大早我便踏上了回家的旅途，我马上就能和阿莱西奥见面了，在我和阿哈默德如约见面之前，我还有充足的时间征求一下他老人家对此事的看法，想到这里，我便心生感激。

一想起和这位商业海盗邂逅的那一刻，我不由得打了一个寒战，当客船驶近威尼斯的运河的一刹那，我顿时有了安全感。夏日的夜暖暖的，远处传来了孩子们的嬉戏声。我想起了我的小儿子华伦天奴，我想马上就把他抱在怀里，听着玛丽亚给他唱摇篮曲。一轮明月悬挂在上空，洒下了金色的光辉，它看起来离我们那么近，仿佛一伸手就能摘到一样。忽然，远处传来了一阵笑声，掩盖住了孩子们的嬉戏声，那笑声非常爽朗，富有磁性，听起来是那么熟悉，一听就是阿莱西奥。

他正和几名码头工人待在一起，双手在头顶摆来摆去，一看便知他在给他们讲故事。当他看到了我的船儿，一边挥动着手一边呼喊着，向我飞奔过来。

我们拥抱在一起。他帮我把一个箱子卸下了船，这个箱子是他让我从摩洛哥捎回来的,还告诉过我:"这是我送给这条街上的那个牧师的礼物,是为教堂塑造的雕像。"我们随后便去了他家,在那张再熟悉不过的餐桌前坐了下来。我发现餐桌上有一块烧焦的痕迹,有一处图案里浸满了蜡油。

"这是蜡倒了给烧的。"阿莱西奥告诉我。

我笑了。不一会儿,热腾腾的饭菜便摆在了我们的面前。我一边吃着饭,一边给阿莱西奥讲述着这三年来所发生的事情。我告诉他我们把工厂重新建起来了,我告诉他我的儿子华伦天奴出生了,我告诉他我又开发了几条新的贸易路线,我告诉他我和玛丽亚在海滩上建了一座新房子。我们说着笑着,忽然我发觉面前的这位老人,这位伟大的商人,这位陪我走过人生风风雨雨的导师,已经不知不觉中成了我的知己。

我们聊得非常尽兴,阿哈默德的困扰已被抛到九霄云外,这时阿莱西奥的一名雇员,一个个子高高的、留着长长黑发的希腊男子走了进来,他的黑发让我想起了前几天见到的那位商业海盗,我沉默了好一会儿。

"怎么了,我的朋友?"阿莱西奥问道。

"阿哈默德,我想起了阿哈默德。"

阿莱西奥以为我在和他开玩笑,继续嘻嘻哈哈地说:"噢,原来是大海上的那个幽灵啊。我再给你讲个关于这个人的故事，和我当初给你讲的故事很像，你想听吗？"

"不，阿莱西奥，我见到这个人了。"

阿莱西奥从椅子上站了起来，盯着我的双眼，似乎不敢相信自己的耳朵，"你是说你遇到了那个商人阿哈默德？快给我讲讲，伙计，发生了什么事？"

我把手伸进外套的衣兜里，把那张折叠着的羊皮纸信拿了出来，"我在摩洛哥期间，他让一个人把这封信交给了我。"

我把信递给了阿莱西奥。他小心翼翼地打开了信，仿佛对上面的蜡封格外感兴趣。

过了好一会儿，他才开口说道："好一封独特的信。快给我讲讲事情的来龙去脉。他这个人长什么样子？"

阿莱西奥一直梦想着有一天能和阿哈默德相遇，他不想漏掉关于这个人的每一个细节。在接下来的一个小时里，我给他讲了我住的那家小客栈，那艘豪华的大帆船，还有那个长着一双凶神恶煞般眼睛的人。听完我的讲述后，阿莱西奥又坐到了椅子上，叹了口气。

"我现在该怎么办？"我问道。

"你什么意思？当然是去和他见面啦。"

"你没疯吧？他是个幽灵，是个海盗，是个杀手。再说，如果他要真的另有所图的话我也不知道怎么应付他啊！"阿莱西奥知道我在生意场上有闯劲是出了名的。只要我想做的事，我总是尽力去做到。

我的自信与坚定确实曾使我深陷困境，但是同样也成就了今天的我。

"你还有什么可害怕的？"阿莱西奥笑着问我。

"嗯，事实上，他也应该有容易受到鳄鱼攻击的软肋，我一直在考虑这个问题。"

"接着说。"阿莱西奥催促我说。

"就在上个月我去修道院看望了菲利普和我的几个朋友。我们聊到了温柔的重要性，一直聊到深夜。几位修道士告诉我，在生意上过于强势是错误的。总而言之，他们告诉我，耶稣说过：温柔的人必承受地土。"

"安东尼奥，我再告诉你一件事，其实你刚刚说的是对《圣经》的另一种误解。那几位修道士说得没错，温柔的人必承受地土这一点也没错，上帝想让我们成为温柔的人更是没错。但是，上帝想让我们对他温柔，而不是对他人温柔。"

"你的意思是生意上可以强势一些？就像阿哈默德那样强势也可以吗？"

"噢，不要把话扯得那么远。上帝希望我们是善良的，这一点儿也没错。但是既然他给你铺了这样一条路让你走，也不是没有原因的。他希望你活着是讨他喜悦，而不是讨人喜悦。"

"你认为我应该如约去和阿哈默德见面吗？"

"应该去。谁知道上帝的旨意呢？去和他见面，并且要靠着你所信的刚强。如果必要的话，还可以强势一些。这是上帝造你的样子，他会引导你的。"阿莱西奥的手伸过餐桌把羊皮纸递给了我。

我已经告诉了玛丽亚如果我认为阿莱西奥的做法是明智的，和他重逢后我就直接返回摩洛哥。我在腰间绑了把钢刀，掉过船头，披星戴月向着地中海的方向驶去。小船顺流而下，我伸手找到了我的那本用皮革封皮的日记本，就是这个小本子装着我人生历程的那些秘密，于是我停下来把刚刚学到的经验记在了上面。

∞

一听到海盗、钢刀、冒险这些字眼，胡里奥立刻兴奋起来。他简直不敢相信自己的耳朵。祖父在他的眼中立刻成了一位大英雄。

"爷爷！您真的去了吗？"

"当然去了，不但去了，还发生了好多事呢。"

"我想听听你和阿哈默德的故事是怎么收尾的。可是，现在……爷爷，您在本子上记了什么？这第四次重逢你又学到了什么样的准则？"

安东尼奥再次打开了日记本，胡里奥惊奇地看到那页上面贴着一张牛皮纸，这张羊皮纸涂着一层蜡，上面印有一枚龙的形状的印章，写着"阿哈默德"的落款清晰可见。能亲眼看到这张羊皮纸信，胡里奥惊喜得连嘴都合不拢了。他又继续读下面的两行字：

准则七
在上帝面前要温柔，在其他人面前要勇敢。

"接下来怎么样了，爷爷？你和阿哈默德怎么样了？"

"胡里奥，接下来发生的事情让我终生难忘。"

∞

我抛了锚，把船停了下来，上了一叶小舟向小岛的方向划去，心里一直在胡思乱想着，也许这一去就再也见不到我的妻儿了。

我看到了阿哈默德在信里描绘的那片海滩，阿莱西奥的话又回响在耳边："在他人面前要勇敢。"

皓月当空，海面上波光粼粼，海水激荡着海岸，空气里飘着一股咸滋滋的盐味，还夹杂着熟透了的榴莲果的味道。海滩上稀稀拉拉地长着几棵棕榈树，却唯独不见阿哈默德的踪影。当我划着小舟快到岸边时，感到自己的心跳加快了。

还没等小舟滑上沙滩停下来，我就跳进了水里，把小舟拴在了附近的一根漂浮着的原木上。我扫视了一下沙滩，除了那些迎风摇摆着的棕榈树外什么也没看见。我的心跳恢复了正常，心想自己是不是被一场恶作剧给耍了。就在这时，我看到了阿哈默德。

他似乎是从天而降，正站在离我不到五十英尺的地方。我忽然又紧张起来，心里想要不要马上跳上船返回穆拉诺岛。

"在他人面前要勇敢。"我对自己说。

于是，我向前迈开了脚步。

我不慌不忙地向阿哈默德走去，他却一步也没动。等我走到离他四英尺的地方，我伸出了右手，呼吸也忽然急促起来，头脑里闪过这样一个念头：他会不会把挂在腰间的刀子拔出来？只见他也伸出右手来和我握手，我的那颗悬到嗓子眼的心这才掉到了肚子里。那个夜晚我们俩在沙滩上说的话虽然不多，但却意义非凡。

"我正在把我的贸易向这片海域扩展，现在需要一种新的用于交换的货币，这些东西是一位朋友给我的。"阿哈默德伸出了一只手，手里拿着五枚威尼斯贸易珠子。"我想使用这些珠子。我很想和你签约，请你为我的船队供应贸易珠子。"

我听到这些话后顿时愣住了，心想我是不是听错话了。为了确认自己没有听错，我问道："你的意思是想买我的珠子作为你生意的货币来使用？"

阿哈默德笑了，这是我第一次看见他笑，黝黑的脸庞上露出了两排洁白的牙齿。"是的，我是这么想的。噢，还有，我还要为这次特殊的见面方式向你深表歉意，因为卡萨布兰卡市那个地方隔墙有耳。随着贸易的增长和扩展，我结交了很多朋友……但也结下了几个敌人，结下敌人的原因是：我的管理科学，船队的运输效率高，所以我提供的产品价钱要比同行竞争者的低很多。"

"这就是你为什么要选择在这个荒岛和我见面的原因？"我问。忽然，我发觉面前的这个人和传说中所描述的根本就不一样。他不但一点儿也不凶恶，反而头脑睿智，并且善于表达。那天晚上，我们沿着海滩散着步，商讨着各种可能的合作机会，我对他的敬慕之心也油然而生。

第二天早上，我扬帆离开了小岛，耳边传来了海浪冲击海岸的唰唰声，阿莱西奥的话又回响在我的脑海里：在他人面前要勇敢。我一边挥手和阿哈默德告别，登上回乡的旅程，心里一边在默默地感谢着我的朋友，感谢他给我的建议。

从那以后，我的生意扩展到了非洲、印度、埃及等海外的国家和地区以及其他一些岛屿上。我也经常陪着阿哈默德去非洲沿岸的各个国家，还去了亚洲。仅仅几年的时间里，我的全球通用货币的梦想便实现了，我的生意增长得非常快，这一点我做梦也没想到。我很快便成了世界上最有影响的商人，我的名声享誉海内外。

第八章 / 第五次重逢

因为主必亲自从天降临,有呼叫的声音和天使长的声音,又有神的号吹响;那在基督里死了的人必先复活。以后我们这活着还存留的人必和他们一同被提到云里,在空中与主相遇。这样,我们就要和主永远同在。

(帖撒罗尼迦前书4:16-17)

四月的天气乍暖还寒，祖孙二人坐在大教堂的台阶上，一阵北风吹来，让他们感到了丝丝凉意。胡里奥第一次注意到圣彼得大教堂主建筑的巨大穹顶上那金色耀眼的阳光反射到前面的广场上，呈现出跳跃的弯弯的流线状。他现在满脑子都是自己的祖父、阿莱西奥，还有神秘人阿哈默德。他非常渴望听到更多的故事。

"爷爷，快告诉我后来发生的事，好吗？"

∞

和阿哈默德相识是一种考验和挑战吧，可我还有更加珍贵的教训呢。不久以后，我又碰到了另一个棘手的问题，这还得从你祖母玛丽亚的小哥哥说起。玛丽亚给她的这个哥哥起个了绰号叫维尼，也就是"讨厌鬼"的意思。玛丽亚家有四个男孩，年龄都比她大。在一个男孩子堆里长大对她来说可不是件容易的事，可是玛丽亚却经常说，出身之事可由不得她。在她的脑海里有许多和哥哥们一起玩球、钓鱼等美好的童年回忆。玛丽亚的父亲是穆拉诺岛上的一位勤劳肯干的商人，他的儿子们也继承了他的品格,每人都有自己的一份生意,只有维尼是个例外。虽然已经二十一岁了,可维尼却把大部分时间放在了钓鱼和画画上。有一天,维尼终于开始继承家庭的优良传统,宣布自己要开一家餐馆了。

记得当时他和我坐在一起讨论他的商业计划,双眼中充满了活力和拼劲,那种表情我至今不能忘记。数月后,他的第一家餐馆开业了。同许多新开张的买卖一样,前两年的日子不是很好过。维尼工作很努力,他的买卖也慢慢做大了,但是不幸的是,他的债务也随之增长了。很快,他就没有了运营资金,不知该怎么办了。有一天,我听到外边传来了敲门声。

当时,我刚刚给我的几位大主顾写完信。当我发现来访者是维尼后,赶紧把门打开请他进屋,觉得他的神情有些紧张不安。我给他倒了一杯热茶,我们俩在一间向着大海的房间坐了下来。寒暄了几句话后,他便开始向我诉说过去两年里所发生的一些事。他告诉我当初他缺少启动资金,还告诉我他的雇员们偷了他的东西。开业仅仅两年以后,他就发现自己已是债台高筑,他的餐馆已无法经营下去了。我问他我是否可以为他做点事,他沉默了好一会儿后开口对我说:"安东尼奥,按理说我至死也不会说这句话……可是当前真的很需要钱。你能想办法借给我一些钱让我渡过此次难关吗?"

我也想借一些钱给他，帮他渡过面前这个难关，当时却没有直接答应他，我对维尼说："让我先好好想想然后再答复你。"

维尼的态度立刻变了，他斥责我自私，骂我嗜钱如命。记得当时他一甩袖子离开了我家，我非常想帮他，只不过是拿不定主意怎么帮他。

我顺着运河顺流而下，往事历历在目，我为何不去征求一下阿莱西奥就此事的意见然后再做决定，一想到这儿，我对他老人家的感激之情油然而生。这将是我们的第五次重逢，距第一次见面已经十五年过去了。

"安东尼奥！安东尼奥！你走过头了！"

"呼喊声把我从幻想中叫醒，我发现自己划着船驶过了阿莱西奥的家门。我顺着声音回头望去，看见阿莱西奥正站在码头边上，双手举过头顶向我使劲地摇摆着。"

"安东尼奥，把船划到下一条运河上去！停在教堂附近的码头上！"

我向他点了点头，快速调转了船头，划到教堂附近的码头后，把那根粗缆绳缠在手上，站在甲板边上向前看去，这才发现码头上已经停满了大大小小的船只。我于是快速地寻找着可以停船的泊位，忽然发现旁边有一个空位险些被我错过，这个空位很小,刚好容得开我的小船。多亏我有多年的驾船经验,准确地把船停到了空位。我翻身从船上跳了下来,然后把船系在了码头上。

我转过身踏上了从阿莱西奥家到教堂的那条马路,看见那位教区牧师在教堂后面走来走去,显然他是在做祷告。当我走得更近一些时,他瞪大了双眼看着我,正如同当初他看阿莱西奥的神情。我心里早有准备,向他善意地微笑了一下。

我安静地沿着这条土路向阿莱西奥家走去。这段路虽然要走上十分钟,但对我来说算不了什么。那是一个温暖的夜晚,蔚蓝的夜空万里无云,开始看到了几颗星星排成了汤勺的形状,很快又看到了北极星,曾有多少次,是这颗星引导着我找到返回威尼斯的路。正当我仰望星空向前走时,忽然感觉自己撞到了一个树桩一样的东西,嘭地一下身体向后打了一个趔趄,我赶紧下意识地控制了一下才没有摔倒。"撞到了什么鬼东西?"我心里想,这时,听到了一阵笑声。

"你睁开眼好好看看你撞到了什么?"一听到这声音,我便知道是他了。我还没张嘴说话,阿莱西奥那强壮的胳膊便搂住了我的臂膀。

"老朋友,真高兴再次见到您,您还像以前一样康健!"我回答道。即使是他的胡子现在已完全灰白了,脸上的那一道道皱纹也愈发明显了，可他看起来真的很健康。在往他家走的时候，我给他讲了我新结交的合作伙伴——阿哈默德，还有我的生意的扩展等事情。

到他家时，正赶上厨师把晚餐摆上了餐桌。一闻到那刚出锅的意大利番茄面的香味，我的肚子便开始"咕咕"地叫了起来，口水也流了下来，我们赶紧坐下来用晚餐。晚餐过后，我把过去三年发生的事讲给了他听。

阿莱西奥微笑着，简单地问了一句："安东尼奥，接下来的几年打算怎么干？"

"我打算再次扩大生产。现在珠子的需求量比过去大很多，我已经和米洛斯商量好再建一家工厂。"我回答说。

阿莱西奥听了后点了点头，他知道我还有话没有说出来，便接着问道："安东尼奥，你现在又遇到麻烦了吧？"

我们俩沉默了好一会儿，最后，我开口打破了沉默。"就在我来这儿之前，我和玛丽亚的哥哥吵了一架，他骂我守财奴。"

"他为什么这样骂你？"阿莱西奥问道。

"因为他向我借钱时，我没有痛快地借给他。"

"他为什么要借钱？"阿莱西奥追问道。

"他做了份买卖，但由于过度扩大规模，现在陷入了经济困境。我确实有钱，也许我应该借钱给他。"

"如果他不能如约还钱将会怎么样呢？"

"那我就不知道了。"

"还是我来告诉你吧。你和他的感情，甚至是你和玛丽亚的感情，会因此而受到影响，因为借钱而影响了感情。就你刚刚所说的情况而言，如果你把钱借给了他，由于他没有改变自己的花钱方式，他迟早会再次陷入经济困境。安东尼奥，你应该利用这个机会把一些理财之道教给他，这才是最重要的。"

"首先，避免负债。《圣经》上有句话说得好'凡事都不可亏欠人，惟有彼此相爱，要常以为亏欠。'这句话的意思是说：你欠所有上帝的子民的是爱，但绝不应该是钱。如果你想买东西兜里却没有钱，那就不要买了。其次，过日子要量入为出。要知足常乐。"

∞

胡里奥低头看了看手中的日记本，翻到下一页，继续读到：

准则八

过日子不要负债，要量入为出。

胡里奥迟疑了片刻，问道："爷爷，您是怎样养成量入为出这个习惯的？"

"胡里奥，阿莱西奥告诉过我，他养成了每个月为自己制定一份收支预算表的习惯。自从那天起，我的生活开支以及我的商业扩展也都要在我的预算范围之内。"

胡里奥插了一句："爷爷，您是怎样制定预算表的？预算表是什么样的东西啊？"

安东尼奥伸手把日记本又翻了一页，在这一页上写着下一条准则，那页纸的中间还有一个T字形表格，分为左右两部分，上面记着一些数字。胡里奥看着上面的内容，安东尼奥开口把下一条准则背了出来。

准则九
要按照预算去花钱。

在其中一个表格的上方写着"开支"，在另一个表格的上方写着"收入"。在"开支"一栏的下面，记着食物、房租、修船费等费用；在"收入"一栏的下面记着工资以及其他来源的收入项目。

"这是我当初认识阿莱西奥以后所做的第一份预算表。回到家以后，我还帮助魏尼图也做了同样的事。"

"魏尼图？你说的是几个小时以前我们吃午饭时碰到的那个开餐馆的人吗？"胡里奥问道。

"没错儿，就是他。"

"那么维尼和魏尼图其实是一个人了？我奶奶的哥哥？可是他的餐馆生意做得很火，他说他都开了九家餐馆了。我真是让你给搞糊涂了……"胡里奥开始把听到的这些人和事给联系起来。

"开始的时候，魏尼图还对我的建议置之不理。其实魏尼图对我和玛丽亚的富有一直怀有嫉妒心理，所以当我拒绝借钱给他时，他肯定很难接受。不过，过了一段时间，他又回来征求我的建议，这次不是向我借钱。我把我刚才告诉你的那些为人及生财之道都告诉了他，他就是凭这些原则如今开了九家餐馆，其中的四家开在这里。"

胡里奥笑了，因为所有事情都如他所愿，他把日记本翻到下一页，大声读了出来：

准则十
友谊会因金钱而受到影响。

"就像你和魏尼图间发生的故事那样，对吗？"胡里奥问道。

"对。不过让我感到欣慰的是,我先从阿莱西奥那里学到了这些宝贵的原则,所以我们的关系才没有被破坏掉。"

"爷爷,谢谢您教给我这些理财之道。虽然我现在还没有多少钱,但是我知道如何更好地理财了。"

"理财之道还不止这些,胡里奥。"安东尼奥说。

"还不止这些?"

"我把最重要的那条理财之道放在了后边,翻到下一页看看。"

胡里奥翻开了日记本,注意到这一页上没有文字,而是一些表格。一看到这些放大版的T形表格,他马上知道了里面的内容。不过在每个表格的上方,都写着这样几个字"上帝百分之十"。

"爷爷,这句话是什么意思?"

"每个月我都按照惯例把自己收入的十分之一奉献给上帝。我相信是上帝帮助我,我才能赚到钱。"

"你看,你所有的一切,包括你的生命、你的健康、你的金钱,都是上帝赋予你的,明白这点是至关重要的。因此,现在要把你收入的十分之一拿出来去奉献给上帝。这就像是一个农民只有耕耘才能收获的道理一样。"

胡里奥静静地读着这条原则。

准则十一

要把十分之一的收入先拿出来奉献给上帝。

好大一会儿,祖孙二人静静地坐在那里,一句话也没有说。

安东尼奥把手伸了过来握住孙子的双手,说道:"胡里奥,要记住在你成为金钱的奴隶之前要学会控制金钱。"

"我记住了,爷爷。"胡里奥又静静地坐在那儿好久……心里在思索着。

第九章 第六次重逢

我的羊听我的声音，我也认识他们，他们也跟着我；我又赐给他们永生，他们永不灭亡，谁也不能从我手里把他们夺去。我父把羊赐给我，他比万有都大，谁也不能从我父手里把他们夺去。

（约翰福音10:27-29）

"就在我们最后一次见面的前几天,我收到了一封信。"安东尼奥说这话时眼里含着泪花。

"一封信?信里写了什么?"胡里奥问道。

夕阳开始照到了圣彼得大教堂前面广场的柱廊上,迎着夕阳的光辉,胡里奥眯着眼睛注视着祖父的脸庞。他发现此时大街上空荡荡的,只有修道士偶尔会朝着基督教堂那长方形柱廊大厅的方向走去。

"胡里奥,到我这边来,让我把故事给你讲完,但是我想先让你站在大教堂的台阶上看看落日。"

"爷爷,我知道你以前来过这儿,你为什么要带我来这儿给我讲这些故事?"

胡里奥站在那里问祖父,可是祖父早已离开餐桌朝着教堂的方向走去。胡里奥低头看见那本包着皮革的日记本还放在地上,打开着,他低头把它捡起来,夹在胳膊下。

"爷爷,你把这个落下了……"

"他现在属于你了。"安东尼奥说着,眼中闪现出一丝亮光。

"可是,爷爷,你不是要把它放在一个重要的、安全的地方保存着吗?"

"是的,我也是这样做的,胡里奥。没有比放在你的心里更安全的了。你看，如果你拿到这个日记本并且学会了上面的那些原则，你的生活就会发生改变。我希望你拥有这个日记本，读懂上面写的人生原则，并决心按照这些原则去生活，如果你真得这样做了，你所取得的成功会比你所想象得还要大。"

胡里奥感觉就像得到了无价之宝一样，他一边向着石柱长廊走着，一边把夹在胳膊下的本子收起来，迈步走上台阶，向着大广场的方向走去。

"胡里奥，阿莱西奥教给我最重要的一个经验就是在必要时要把我所学到的这些原则教给其他人。"

祖孙二人又返回广场，他们经过一个喷泉，这时一群年轻的修道士从他们后边快速地走过来，手里都拿着一本书，显然是去上课或者听讲座。祖孙俩于是跟在领头的那个修道士的身后。这些修道士身穿灰色长袍，腰间系着白色的粗布带，肩膀垂着宽大的帽子。

安东尼奥回想起了他年轻时在修道院度过的那些时光，想起了他的那些修道士朋友，想起了他们共进晚餐时的欢笑声。他还想起了他们早上做祷告时那难忘的场景，想起了做礼拜时的那份真诚。

修道士们一个接一个地从他们身边走过去，一幅幅画面展现在他的脑海里。他看到了夜幕降临时那金灿灿的田野，看到了他做礼拜和祷告的那所小教堂。安东尼奥忽然对自己的那些修道士朋友心生敬意，因为这些虔诚的人们把自己的一生都奉献出来侍奉上帝。然后他又想到了他的好友阿莱西奥，当他想到他们的最后一次见面，泪水泉涌般流了出来。

"爷爷，我们坐在这里的台阶上歇一会儿好吗？"胡里奥的话把安东尼奥从怀旧的思绪中拉了回来，他这才发现又回到了几个小时前他给孙子讲故事的地方。

"好，我们就一起坐在这里歇一会儿吧。刚才，我想起了和阿莱西奥的最后一次见面。"安东尼奥对孙子说。

∞

穆拉诺岛的花园均以美丽而闻名，我家的花园当然也不例外。那天，那个送信人来到我家的时候，我和玛丽亚正坐在花园里欣赏着海上落日的美景，我们在那里一坐便是好几个小时。

当我们起身回屋的时候，看见一个年轻人正在花园门口等着我们。这个年轻人十七八岁的样子，浅红色的头发，身体健壮，一看便知他不是威尼斯本地人，我想他应该是盖尔人。在家里接待陌生人对我们来说已是家常便饭了，这些客人中还有的来自千里之外的东方国度。我走过去和这个年轻人打招呼，他先伸出了右手和我握手。

"安东尼奥先生，很高兴见到您，久仰您的大名，经常听人提起您在穆拉诺岛开创的企业。"

"你听说过我？承蒙谁向你提到了我？"我问道。

"是那位叫作阿莱西奥的商人，先生。几个月前，我应聘到他那儿工作，今天，他派我给您送来这封信。"说着，那个年轻人把手伸进肩上挎着的褐色皮包里，拿出了一个小信封递给我，我拿过信封翻过来一看，没错儿，是阿莱西奥写来的信，信封上盖着一个印章。

"我奉命给您送这封信，然后就得马上回到阿莱西奥先生那儿去。"年轻人似乎有点着急，我抑制住内心的冲动没再问其他问题，便打发他回威尼斯去了。

玛丽亚来到了我的身边，当她知道是谁写了这封信时，她也笑了。信封正面是阿莱西奥的笔迹，上面写着"写给我的挚友：安东尼奥"。我迫不及待地把信封翻到背面启封。

∞

胡里奥插了一句，问道："爷爷，你保存着这封信吗？"他笨拙地翻着那本日记，还在其中找到了一张泛黄了的纸，这张纸整整齐齐地叠成三角形夹在那里。他手里拿着这张字迹模糊的羊皮纸问祖父："是这个吗？"

安东尼奥点点头。胡里奥慢慢地打开了这封信。尽管信上面的字迹已经褪色，有的地方已经磨烂了，可是他仍能看清那潦草的字迹所表达的内容。

致我最挚爱的朋友：安东尼奥

你好，我的朋友。近来一切安好？到下周我俩结交将满十八载，正如过去的这些年一样，我们二人将如约见面。但是，这将是我们最后一次见面了，我为此做了一些特殊的安排。今年我们的见面地点不在威尼斯，是在罗马城，因为我想给你看些东西。按照下面所写的路线来找我，我在那儿恭候你的到来。请速来见我。

你的朋友

阿莱西奥

"在罗马？为什么？"胡里奥不解地问道。安东尼奥一边微笑着一边继续讲下去。

∞

我麻利地把信折叠在一起看了一眼玛丽亚，说："到罗马去？"

玛丽亚耸了耸肩，一只胳膊温柔地挽上我的胳膊，我们一起朝着我们的房子走去。夕阳在地平线上消失时，玛丽亚对我说："若要按时到那儿，你就得尽快出发。我来给你准备行李吧。"

那个夜晚,我彻夜未眠,把船员们召集在一起,制定了我们的航线:这次我们要先穿越穆拉诺岛的环礁湖进入远海。次日上午十点钟,地中海地区骄阳似火,我们开始忙着扬帆起航了。亚得里亚海面上显得异常风平浪静,有好几次我们的船速减慢,险些搁浅。我们起初沿着大陆架行驶,然后调转船头驶进台伯河向着罗马的方向行进。

同威尼斯一样,台伯河口岸也成了世界贸易的集散地,大大小小的商船塞满了航道,如同亚洲、非洲和西欧等地区城市大街上的堵车场景。

我驾船沿着台伯河继续向北行驶,这时忽然起风了,我能感觉到脚下的小船有力地逆流而上,不出几个小时的工夫,罗马城便呈现在了眼前,只见那历经岁月沧桑的古罗马建筑和充满现代气息的高楼大厦交相辉映。我看了一眼阿莱西奥写给我的那封信,寻找着名叫卡斯特尔·圣·安吉洛的口岸。在罗马教堂主教们居住的地方,一幢巨大的建筑物拔地而起,耸立在台伯河畔,建筑物的四周建有围墙,围墙的表面上

刻着许多宏伟壮观的雕像，颂扬上帝和罗马的丰功伟绩。

按照阿莱西奥在信中所写的路线，我把小船固定后，走上码头去找他。罗马的码头上人来人往，他们在那儿装卸着货物，有的在那儿叫买叫卖，空气中夹杂着一股汗臭味和鱼腥味。

我找到了阿莱西奥指定的那条马路，开始往前走，估计又走了一个小时，决定停下来歇口气。我走到市场附近的一家咖啡馆里坐了下来，领略罗马城的喧嚣与繁华。在我对面的桌子旁边坐着一位老太太，脖子上戴着一条雕花金项链，格外引人注目。我正要起身走开时，她向我点了点头。

看着身边这些参天耸立的高楼大厦，我心里想：阿莱西奥要把我带到哪里去？阿莱西奥曾向我提起过一座教堂，那是一座雄伟壮观的大教堂，让我联想到了威尼斯的圣·马可大教堂，我现在就要去找一座如圣·马可大教堂一样宏伟的大教堂。我猜想我一定离那儿不远了，因为此刻街上到处都是成群结队的传道士。

我气喘吁吁地爬上了一座小山，感觉好像背了一百磅的东西，正怀疑自己是不是拐错了弯儿，忽然眼前一亮，发现自己已经来到了建造圣彼得大教堂的地方。

开始的时候，我还不敢相信自己的眼睛，这个地方曾经矗立着一座宏伟的大教堂，如今却是一片废墟。我摇晃着脑袋，被眼前的场景搞糊涂了，忽然，我想起了当初在修道院时从修道士们口中听到的那些话，他们曾告诉过我这座老教堂正在计划拆除，取而代之的是一座更加宏伟壮观的新教堂。他们还说，那座老教堂已经年久坍塌，又没有筹到足够的善款将其完整修复。

∞

"等等，爷爷，您说的就是眼前这座圣彼得大教堂吗？你是说在这座长方形柱廊式基督教堂建造之前你就来过这里？"胡里奥对此吃惊不已。

"胡里奥，你说得对，我之前就来过这里。更确切一点说，我当时正站在我俩现在坐着的地方，当时这里还是一座小山。"

"那座旧教堂呢？那座旧圣彼得大教堂当时在哪个位置？"

"嗯，原来那座教堂的圣坛就建在埋葬着圣彼得遗骨的那个地方的正上方。"

"真的吗？圣彼得的遗骨埋在这里？"

"当然是真的。一千五百多年来，世界各地的人们来到这儿敬拜上帝，纪念圣彼得的伟大工作。"

胡里奥深深吸了一口气，认真地听着祖父说的每一句话。这时，他想起了阿莱西奥，"爷爷，那阿莱西奥呢？他不是想和您见上最后一面吗？"

"噢，是啊。阿莱西奥知道我会到已变成一片废墟的圣彼得大教堂那里去的，于是派了一个人去接我。"

∞

太阳已经从梵蒂冈小山后落了下去，我四处张望，希望快点找到阿莱西奥，可是眼前这个地方到处都是成群的工人、建筑师还有牧师，他们正在为新建筑选址。忽然，我感到有只手搭在我的肩上，回头一看，原来是一周前到我家花园前给我送信的那个红发年轻人。

"阿莱西奥正等着您呢。"他微笑对我说。

他在前面引路，我静静地跟在后面，不知道该说些什么。走到废墟旁一座小楼的门前，有一位上了年纪的修道士在那儿迎接我们，把我们领进了一条走廊，里面灯火昏暗。我一边静悄悄地跟在后面，心里一边想：君士坦丁君主本人会不会每天也从这条点着火把的长廊走过？那位修道士在一扇木门前停了下来，这扇门不到五英尺高，自上到下包着三条四英寸宽的钢板。

"如果你准备好了，就推开这扇门。他正在里面等着见你。"修道士说完这句话,就和红发年轻人转过身沿着这条走廊静静地走出去了。此时,我觉得自己特别孤单,表情严肃地盯着这扇橡木门。我心里想:我倒要看看这次见面会带来哪些收获。于是伸手抓住了门上的铁把手。

木门慢慢地打开了,发出"吱吱嘎嘎"的声响。我看到屋里也点着一个火把,发出微弱的光。由于门口很低,看不见屋里其他的东西,我于是弯着腰慢慢地走了进去。

过了好大一会儿,我的眼睛才适应了屋里昏暗的灯光。这间屋子大约有十五英尺长,十英尺宽,在一面墙的正中间挂着一块帆布,帆布后像是一扇窗子。在对面,有一个洗脸池和一个洗浴间。在那块帆布的正下方,放着一张床。屋里除了这些就没有其他东西了。我的眼睛又适应了一会儿屋里昏暗的光线后,看到了阿莱西奥正站在屋里一个阴暗的角落里。

"老朋友,我已等你多时了。快过来,安东尼奥,快到这里坐下。虽然这次我不能请你吃晚饭了,但是我们却有更重要的事要做。"他的声音显得脆弱而无力。

我向我的老朋友走过去,感到十分忧愁。阿莱西奥好像在过去的三年时间里一下就老了二十岁:面容憔悴,上面长满了皱纹,头上稀稀拉拉地长着几根头发,呼吸急促而凌乱。"这真的是我想要见的那个人吗?"我心里想。我喉咙发紧,强忍着眼中的泪水，慢慢地坐在了他身边的椅子上。忽然，我发觉此时此刻需要安慰的不是阿莱西奥，而是我自己。就在此时，我感到他有力地握住了我的手。

"安东尼奥，现在不是悲伤的时候，是该行动的时候了。"他的声音忽然变得就像十八年前一样具有穿透力。

"你要记住，上帝每一天都在赐予我们礼物。我们要有智慧地使用每一天。今天，是我们此生中最后一次待在一起了，我今天要教给你的人生经验也是最重要的。"阿莱西奥吃力地抬起头，目不转睛地盯着我的双眼。

"安东尼奥，你一直干得很出色，你凭借自己的激情成就了一番辉煌的事业，你发挥了你的天赋和才能为人类做了贡献。你的影响力在不断扩大，现在该轮到你抛头露面了。"

"抛头露面？我听不明白。"

"因为你一直忠心于上帝所赐给你的一切，所以一直被上帝祝福。对你来说，现在最重要的事就是把自己所学到的经验，所赚取的财富继续用在荣耀上帝这件事上。"

"我该怎么做，阿莱西奥？"

"安东尼奥，你还记得曾经我和你父亲菲利普的那次谈话吗？就是上帝如何让我们成为商人和牧师的那段谈话，你还记得吗？"

"我记得。但是那些话和现在的话题有关系吗?"

"其实,上帝早就让商人和教堂的领导者有了某种特殊的关系。我们要为牧师的使命提供支持。"

"阿莱西奥,我愿意一直顺服上帝,因为他对我的祝福太多了。我现在能做点什么?"

听到我的话后,阿莱西奥伸出手,使出全身的力气扯下遮盖着窗户的帆布,屋内豁然开朗。我急忙向后撤了撤身,用手遮住了双眼。过了一会儿,我放下了双手,老圣彼得大教堂的遗址一览无余地呈现在我的面前。在那里,人们有的手拿斧头,有的手拿铁锹,还有的手拿其他工具,正在辛勤劳动,一丝不苟地为新教堂奠基做着准备。

"安东尼奥,这里就是我为之付出了十八载心血的地方。我知道上帝希望在这地方被尊崇,于是便尽我所能恢复圣彼得大教堂的荣耀。经过我们的努力,老教堂已经被拆除,新教堂即将在原地崛起。这些年我一直为这里做的就是把我生意中所赚的钱捐出来,每天坐在这间屋子里,看着老教堂被一点点地拆除,新教堂的地基慢慢地被建起来。虽然这个过程很漫长,但到目前为止,一切进展顺利,在我们面前,即将呈现的是世界上最雄伟壮观的大教堂。"说到这里,阿莱西奥的眼里噙着泪花,说话声音开始哽咽。

"可是,我的作用快要用完了,我已尽我所能为这儿做了一些事。如今,我已是病入膏肓之人,我把自己剩下的财产分给了家人。安东尼奥,如果你不介意的话,你能完成我未竟的事业吗?"

"可是,我——"

"你现在不用回答我的问题。我只想和你分享最后一条人生信条。"

∞

胡里奥翻开日记本读了出来:

准则十二
要懂得合作的力量。

安东尼奥笑着说:"是的,胡里奥。就在那天,我懂得了合作的力量:信徒和教士间合作的力量,商人和牧师间合作的力量。在我们每个人的心里,都有一种力量使我们和上帝的关系更亲近,我们大家都愿意做任何事来扩展他的国度。我们能做的其中一件事就是要和牧师们合作,因为上帝赐给他们使命和异象,我们提供奉献来看到使命的实现。"

"爷爷,你为此又做了什么?是你把圣彼得大教堂重新建造起来的吗?"

"不完全是。很多人一起重建了这座大教堂。"

听了祖父的话，胡里奥简直不敢相信自己的耳朵。他忽然意识到手中这个日记本上记载的内容是多么珍贵，于是小心翼翼地把它合了起来，脑海中不止一次地闪现出里面所记录的十二条准则。

准则一

只要你努力工作，上帝就会祝福你。

准则二

经济上的富有和灵魂的昌盛是息息相关的。

准则三

一个男人必须尽他所能来供养家庭。

准则四

你所遇到的困难不但锻炼了你的品格，还为你承受祝福作预备。

准则五

要敢于为自己错误的决定所导致的后果承担责任。不要把责任转嫁给他人。

准则六

不要把挑战看成绊脚石，而要看成铺路石。

准则七

在上帝面前要温柔，在其他人面前要勇敢。

准则八

过日子不要负债，要量入为出。

准则九

要按照预算去花钱。

准则十

友谊会因金钱而受到影响。

准则十一

要把十分之一的收入先拿出来奉献给上帝。

准则十二

要懂得合作的力量。

"爷爷,谢谢您今天把我带到这里来,谢谢您把自己成功的经历告诉我,还要谢谢您把这个宝贝传给我。"

此时,夕阳从广场西侧的柱廊上落了下去,安东尼奥站起身来微笑着说:"胡里奥,要想拥有这个日记本还要答应我一个条件。"

"什么条件,爷爷?什么条件我都答应。"

"明年,你要到大教堂的这些台阶这儿来……每年来一次。"

"来这儿见您吗,爷爷?"

"到时候你就知道了,一年后有人会到这儿来见你。"

说完这些话,安东尼奥和胡里奥便向广场的对面走去,他们的背后是世界上最伟大的教堂,他们的脚下是世界上最伟大的广场,随着他们的身影消失在广场柱廊的阴影中,美好的一天即将结束了,但是,修道士和商人的故事才刚刚拉开序幕。

读者提示

在上文中,安东尼奥把自己成功生活的十二条准则传给了自己的孙子,现在该轮到你和他人分享一下这本日记了。

经文/参考文献

页码	经文
31 页	启示录 1:6
44 页	申命记 28:4
44 页	申命记 28:12
44 页	帖撒罗尼迦后书 3:10
52 页	耶利米书 29:11
54 页	路加福音 18:18–22
54 页	路加福音 18:24–30
56 页	路加福音 18:26–27
58 页	申命记 28:1
59 页	约翰三书 2
59 页	马太福音 6:33
59 页	诗篇 37:4
62 页	提摩太前书 5:8
69 页	罗马书 8:31
75 页	彼得前书 5:8
88 页	马太福音 5:5
102 页	罗马书 13:8
106 页	玛拉基书 3:8-10

学习指南

下面这些学习指南按照该书故事的叙述顺序分为十二节,适合于个人和团体学习本书之用。每一节都会以《行在高处》中的某一话题展开论述,在论述过程中,会有一些来自《圣经》中的论据,在结尾还会提出一些问题供个人思考和小组讨论。读者可以在本书末的空白页上写读书笔记,请把《行在高处》读完之后再进入此阶段的学习。

第一节 / 修道士和商人,牧师和平信徒的不准确分类

罗伯特·弗雷泽在他的小说《商业基督教》一书中写到:

> 当代基督教中的英雄都是职业牧师,如里斯·豪沃尔斯,大卫·布雷纳德,乔治·穆勒,查尔斯·韦斯利,芬尼,乔纳森·爱德华兹,约翰·加尔文,史密斯·威格尔斯沃斯等。

> 与此相反,大多数《圣经》中的英雄人物却都不是牧师。例如,亚伯拉罕是一位农场主和商人;约瑟既是一位商人,又是一位富有经验的企业管理者;约书亚和迦勒两人都当过将军;大卫当过牧羊人,做过将军,最后成了国王;丹尼尔和尼希米都是政府官员。不过这些《圣经》中的英雄人物都是通过现代牧师们讲给我们的,因此他们的商业身份都被淡化了。

在教堂里,菲利普和阿莱西奥分享了一条重要的经文:耶稣"又使我们成为国民,作他父神的祭司"(启示录1:6)。通过这条经文菲利普终于顿悟,阿莱西奥并未因经商而放弃信仰,两人从此重归于好。

在以色列的十二个部落中,有一个叫利未的部落,按照

《旧约》中的规定，利未人是被单独划分出来专门侍奉上帝的一个部落（民数记3:5-10）。其余部落的人则以利未人为中心，敬拜上帝，献上祭物。但是，在《新约》中，每个基督徒里面都有圣灵，可以单独敬拜上帝，服侍上帝和他的子民。

我将真情告诉你们，我去是与你们有益的。我若不去，保惠师就不到你们这里来；我若去，就差他来。

（约翰福音 16:7）

你们来到主面前，也就像活石，被建造成为灵宫，作圣洁的祭司，藉着耶稣基督奉献神所悦纳的灵祭。

（彼得前书 2:5）

惟有你们是被拣选的族类，是有君尊的祭司，是圣洁的国度，是属神的子民，要叫你们宣扬那召你们出黑暗、入奇妙光明者的美德。

（彼得前书 2:9）

他所赐的有使徒，有先知，有传福音的，有牧师和教师。为要成全圣徒，各尽其职，建立基督的身体。

（以弗所书 4:11-12）

所以，所有的基督徒都有使命，所有人都是祭司。只不过其中一些人是全职服侍人员（发薪水的职务），而其他人却在商业界的任何一个集会上默默地履行着自己的职责（不发薪水的职位）。

但是，不论我们是全职服侍人员（传教士）还是商业界的服侍人员（商人），我们都被上帝呼召"你们要去，使万民作我的门徒，奉父、子、圣灵的名给他们施洗。凡我所吩咐你们的，都教训他们遵守，我就常与你们同在，直到世界的末了。"（马太福音28:19-20）

耶稣对我们的这个要求叫大使命，这个使命落在了所有信徒的身上，因为所有基督徒都是祭司，都肩负使命。基督教不是一项观赏性体育运动，因此，教堂会众（通常被称为平信徒）不能只看着全职服侍人员（通常被称为传教士）做着福音传道的工作。

无论在单位，还是在孩子读书的学校，或者在你所居住的社区，你或许是一位有威望，能影响一群人的那个人物。即使是那些职业牧师，在他们的宗教界之外也富有影响力。

在该书的前言部分，戴夫·拉姆齐在谈及如何读《行在高处》时，就教堂和商业间存在的错误争斗阐明了自己的观点：

> 作家特里·费尔伯帮助我以全新的视角看待整个教堂和商业界之间辩论，使我终于能够认识到：传教士是神圣的，商人也同样神圣！因为商人所从事的也是一份服侍。……上帝没有让我们将属灵和我们的日常生活分开，也没让我们将星期天早上的礼拜

和星期一早上的全体职工例会分开。在以上任何两种场合,上帝都在场。

和我们一起工作的每一个人都应该知道:我们是被呼召才在这儿工作的,因为我们的工作是神圣的。

查尔斯·司布真回应了拉姆齐的上述感悟:不论我们所从事的是什么职业,"任何一个基督教徒都有权利,并且有能力去传播上帝的教义;更有甚者,他不但有权利这样去做,只要他活着,就有责任去这样做……传播教义不是几个人的事,是主,耶稣基督的所有信徒的事"。

有许多国家将基督教拒之国门之外,却欢迎美国带来的巨大商机。因此,当我们把使命融入我们的商业圈,就不会有一个国家把上帝的教义拒之国门之外了。

讨论

- 你曾错误地把牧师和平信徒区分看待吗?你曾认为由于牧师和上帝有更亲密的联系而盲目崇拜过职业牧师吗?
- 你实现了自己作为忠实信徒和牧师的角色吗?你在哪里有影响力?上帝让你在什么样的场所完成了自己的使命?
- 你是如何让自己实现了马太福音28:19-20上谈到的大

使命的?

- 司布真在谈及被呼召的使命时是如何说的?
- 你认为全职服侍和商业服侍哪个更有回报？为什么？

第二节 回应呼召首次在集会前布道

让我们再回顾一下耶稣的大使命（马太福音28:19-20）是"你们要去，使万民作我的门徒，奉父、子、圣灵的名给他们施洗。凡我所吩咐你们的，都教训他们遵守，我就常与你们同在，直到世界的末了。"如果我们仔细分析一下这段经文，便会发现这段话的开头一个字是"去"，希腊原文是"poreuomai"，意为"离开"。因此，信徒要离开他目前生活的地方到另一个地方去。换句话说，基督徒要离开他们的亲戚朋友，离开教堂，那么他们应到哪里去呢？

耶稣又用比喻对他们说：

天国好比一个王为他儿子摆设娶亲的筵席，就打发仆人去，请那些被召的人来赴席；他们却不肯来。

王又打发别的仆人，说："你们告诉那被召的人，我的筵席已经预备好了，牛和肥畜已经宰了，各样都齐备，请你们来赴席。"

那些人不理就走了：一个到自己田里去，一个做买卖去，其余的拿住仆人，凌辱他们，把他们杀了。

王就大怒，发兵除灭那些凶手，烧毁他们的城。于是对仆人说："喜筵已经齐备，只是所召的人不配。所以你们要往岔路口上去，凡遇见的，都召来赴席。"

那些仆人就出去到大路上，凡遇见的，不论善恶都召聚了来，筵席上就坐满了客。王进来观看宾客，见那里有一个没有穿礼服的，就对他说："朋友，你到这里来，怎么不穿礼服呢？"

那人无言可答。于是王对使唤的人说："捆起他的手脚来，把他丢在外边的黑暗里，在那里必要哀哭切齿了。"

（马太福音 22:1-13）

在这则寓言中，国王（其实指的是圣父）告诉仆人们（指的是那些把耶稣供认为主的基督徒们）到"大街上去"。"去"这个词的意思就是"离开"，和马太福音28:19-20中的意思一样。那么，耶稣的信徒们要到哪儿去？到大街上去，这个地方听起来可不是被四面围墙围起来的教堂。他们到大街上去做什么？邀请众人前来参加婚礼。

教会，或者是信徒们的身体，在《圣经》中被描绘成是基督的新娘（约翰福音3:29）。这则寓言也描绘了当圣父，也就是那位国王，出现在婚宴现场时，那些在他面前衣冠不整的人要被扔到外面的黑暗世界中去。

作为上帝的仆人，我们的工作就是到大街上去把那里的人们带到他那儿去参加婚宴。我们要把上帝的福音就像播种一样到地极。（使徒行传1:8）我们知道自己所从事的完全是撒种的工作，而不是使之生长的工作，因为那是圣灵的工作。我们播下的种子并不全都会落到肥沃的土地上，生根、发芽、开花、结果。（马太福音13:3-8）因此，我们会发现正如马太福音22:13中描写的，那些虽然去参加了婚礼却衣冠不整的人就会扔到外面的黑暗世界中去，经历"哀哭切齿"。

　　马太福音28:19中的经文写道："你们要去，使万民作我的门徒。(go therefore and make disciples of all the nations.）"在希腊语中，nation一词是ethnos，意思是"民族"或"人的团体"，这也是英语单词ethnic的来源。因此，马太福音28:19中提到的nation不是指地理上的领土疆域，而是指人的团体。那么，这些人住在哪里呢？

　　史蒂夫·希基把这些人分为不同的范围：

> 　　上帝想把天堂的影响扩到地球的其他地方：政府圈、媒体艺术圈、教育圈、工业圈和商业圈。上帝感兴趣的可不仅仅是地区教堂。

同样，彼得·瓦格纳识别出不同"可塑文化者"供基督教徒接触：

要想征服这个世界，有七大类人最终塑造了人类的思想和文化。因此，谁若能掌控住这七类人，他就成了胜利者，能控制这个世界前进的方向。这七类可塑的文化者包括：宗教、家庭、政府、娱乐艺术、媒体、商业和教育，以上顺序随意排列，无主次之分。这七类中的每一类都可再细分很多次。

在《行在高处》这本书的前言中，戴夫·拉姆齐写道：
我们应该主动为了耶稣承担起商业界的那份责任，而不是将其拱手让给他人。我们不能把教堂看成是上帝的主场，而把市场让给撒旦。我们是富有生命的人，我们应该积极主动、四处活动，我相信上帝在召唤我们为了他的荣誉去拯救商业界。

因此，菲利普和阿莱西奥发觉他们两个人都在为上帝服务，只不过服务的方式不同而已。

讨论

● 举例说明你是如何到大街上去要求人来参加圣子的婚

宴的？

●你在邀请人参加婚宴时采用了什么样的方法，说了哪些话？（例如，你能为了自己和自己的健康祈祷一下吗？）

●你是如何对待那些拒绝参加婚宴的人的？

●正如马太福音22:11所提及的一样，你现在穿着婚礼服吗？你穿婚礼服时被要求做了什么？

●你是上述七类人中的哪一类？你是如何有效地把上帝的福音传给这些人的？

第三节 金钱：是善还是恶？

彼得·瓦格纳描述了金钱是如何开始被视为罪恶的：

> 希腊人的思想促使人们认为精神生活要比物质生活重要得多，人们得出的结论是：精神上越富有的人，物质上应该越匮乏。修道院的传教士们接纳了这一哲学思想，并在中世纪期间将其推广出去。不久之后，所有牧师为了证明他们高尚的精神境界，不得不发誓甘愿贫穷……
>
> 令人遗憾的是，固守贫穷的誓言一直在我们的教堂流传下来。

爱财是所有罪恶的根源，一些人由于贪图金钱，才导致了他们远离了自己的信仰。我们应该注意的是：金钱本身并不是罪恶的根源；"爱金钱"才是罪恶的根源。这是关乎一个人的心态和他对待金钱的态度的问题。如果一个人爱某物或某人胜过爱上帝，那么，从本质上来说，他就会把此物或此人视为偶

像。其实，上帝反对偶像崇拜。他说："除了我以外，你不可有别的神。"（出埃及记20:3）

金钱是不属于道德范畴的。你对金钱的态度以及你用金钱做了些什么，最终都由上帝来裁决。记住：得货财的力量是他给你的。（申命记8:18）

许多有钱人都是耶稣的追随者：西庇太家雇有数个仆人（马可福音1:20），撒该是一位税务官（路加福音19:2），马太也是一位税务官（马太福音9:9），还有罗马的百人队队长（路加福音7:2-8），犹太人的统治者尼希米，亚利马太人约瑟，这里仅列举数例。当然，在《旧约》里上帝的子民也不乏富有者，如世人之父亚伯拉罕、希伯来族长以撒、以色列人祖先雅各、雅各的第十一子约瑟、古以色列国国王大卫、古以色列国国王大卫之子所罗门等。因此，上帝并不根据是否有钱来判断人。

可是，我们从《圣经》中也了解到，有一种危险叫作"钱财的迷惑"。（马可福音4:19）

奥斯·希尔曼在他的著作《金钱的意图》一书中提到了成功路上的四个陷阱：

1. 贪心（提摩太前书3:3）
2. 贪婪（出埃及记20:17；提摩太前书3:3）

3. 吝啬（路加福音2:20）

4. 自恃（加拉太书2:20）

希尔曼还谈到了有关金钱的五种常见的误解：

1. 我的钱我可以用来买到我想要的任何东西。

2. 我的钱是衡量我成功的标准。

3. 有了钱我就有了安全感。

4. 有了钱我就能独立。

5. 金钱决定了我生活的目的。

首先，在前两个误解中，"我的钱"是一个错误的用词，耶稣用几个智者的寓言故事启示我们：上帝安排我们作为生活的管家，管理我们的钱财、时间和礼物（马太福音25:14-30），但这些都属于上帝，他仅要求我们妥善管理这些，有效地使用它们。

第二，衡量我们成功的标准是我们对他人的服侍，而不是金钱。仔细思考一下耶稣的这句话："你们中间谁为大，就要作你们的用人。"（马太福音23:11）。一位不知名的人物说过这样一句富有哲理的话："经济上的成功恰恰也衡量了你为他人做出了贡献"。当你为他人提供了一项服务或者一件有价值的产品时，你的顾客愿意为此付出适量的金钱。这种交换是建立在自由市场制度之上的。

第三，世俗的财富是无安全可言：不要为自己积攒财宝在地上，地上有虫子咬，能锈坏，也有贼挖窟窿来偷；只要积攒财宝在天上，天上没有虫子咬，不能锈坏，也没有贼挖窟窿来偷。（马太福音 6:19-20）

最后，至于第四个和第五个误解，我们认为：作为基督徒，我们不要去追求自我，我们要委身单单依靠耶稣，我们的主。我们基督徒的人生目的就是用我们的所有一切去爱耶稣，服侍耶稣。

罗马书10:9中说：你若口里认耶稣为主，心里信神叫他从死里复活，就必得救。

加拉太书2:20也以同样的笔调写道：我已经与基督同钉十字架，现在活着的不再是我，乃是基督在我里面活着；并且我如今在肉身活着，是因信神的儿子而活，他是爱我，为我舍己。

诗篇37:4中，有这样一句话："又要以耶和华为乐，他就将你心里所求的赐给你。"我的一个朋友是位希伯来语学者，他告诉我这句话的希伯来原语的意思却是："又要以耶和华为乐，你会实现他的心里所求。"也就是说，如果"你的生命中藏着基督，"（歌罗西书3:3），如果你不再活着（加拉太书2:20），那么你的所求就是上帝的所求。

约翰福音5:19中写到,"子凭着自己不能作什么,惟有看见父所作的,子才能作,父所作的事,子也照样作。"就像耶稣一样,我们也要"效法神,好像蒙慈爱的儿女一样。"(以弗所书5:1)我们没有做我们自己的事,我们做的只是我们看到的上帝做的事。

讨论

- 阿莱西奥对牧师所教的路加福音18:18-27的内容进行了探讨。你是如何理解这些内容的?
- 你认识的人中有相信为了属灵的益处就要远离财富的吗?这种态度从何而起?
- 哪些是你在通往成功路上必须对付的陷阱?
- 你在赚钱方面有哪些误解?

第四节 / 延迟通往上帝国度的三种误解

误解一：他人有责任对我的福音传道活动给予金钱上的支持。

基督教徒要以保罗为榜样，保罗是一位帐篷制造商，他说："弟兄们，你们记念我们的辛苦劳碌，昼夜做工，传神的福音给你们，免得叫你们一人受累。"（帖撒罗尼迦前书2:9）

如今，一种错误心理已经在基督徒中形成，我们所思所想不是出去工作赚钱来支持自己的事工，而是挖空心思到处寄信拉赞助。这是一种极端不负责任的做法，这种做法其实就是让另一个基督教徒去辛勤工作并寄钱过来，这样，我们就不用必须去工作了。令人遗憾的是，如果我们让自己的孩子在从事一些短期的宣教活动时也养成这样一种拉赞助的习惯，那么我们教给他们的其实是从小就养成一种懒惰的品格。

确实，作为全职服侍人员，当然也要劳有所得："那些善于管理教会的长老，当以为配受加倍的敬奉。那劳苦传道教导人的，更应当如此。因为经上说，牛在场上踹谷的时候，不可笼住它的嘴，又说，工人得工价是应当的。"（提摩太前书5:17-18）但是，这些工资来自教会的什一奉献，《圣经》经典中从没教我们去乞求他人的资助。

误解二：金钱上的慈善行为同样也显示了一个人的工作能力。

《圣经》是如何解释这个观点的呢？保罗曾告诫过我们："若有人不肯工作，就不可吃饭"（帖撒罗尼迦后书3:10）。还有更加严厉的经文："人若不看顾亲属，就是背了真道，比不信的人还不好。不看顾自己家里的人，更是如此。"（提摩太前书5:8）

品味一下"比不信的人还好"这句话吧！

下面这几句话说得好：懒惰使人沉睡，懈怠的人必受饥饿。（箴言19:15）。正如安东尼奥日记中的第三条准则那样：一个男人必须尽他所能来供养家庭。

误解三：只要我们挣的钱能够满足我们基本的生活需要就应该知足了。

我们再回到《圣经》经典中去验证这一观点。箴言13:22善人给子孙遗留产业、罪人为义人积存资财。表明，对自己过去的需要从不考虑的行为是自私的："善人给子孙遗留产业。"

在一场以"金钱的用处"为主题的布道活动中，约翰·卫斯理宣讲了一种观点，可总结为"尽可能地去赚钱，尽可能地去节约，尽可能地去给予。"

讨论

●对于那些可以自己赚钱来从事事工的人，却需要受资助，你是如何看的？（我们这里所说的不是什一奉献。）你是如何看待要求个人资助宗教活动这一现象的？

●在没有帮那些穷人脱贫致富的情况下，你是怎样把钱给他们的？

●有些财政收入要大于你的个人需要，赚取这些钱时你会心动吗？如果心动，你是如何掌控这笔钱的？如果没有心动，是什么阻止了你这么做？

第五节 职业观和价值观

安东尼奥带着自己的孙子胡里奥去旅行,他觉得自己和孙子待在一起的这几天会永远影响他。有关工作、金钱和个人的价值观就这样一代接一代地传承下来,影响着我们,改变着我们的生活。

罗伯特·清崎在他的最畅销的商业书《富爸爸,穷爸爸》中写道:"我有两个爸爸,一个是富爸爸,一个是穷爸爸。"注意这两个男人的生活态度:

穷爸爸:经常说"我受不了了。"[这是他在解决问题时发出的感叹。]

富爸爸:会问自己:"我如何承受得了?"[这是一个值得我们思考的问题。]

穷爸爸:吃饭时不准谈论金钱和生意上的事。

富爸爸:吃饭时鼓励我们谈论金钱和生意上的事。

穷爸爸：妥善理财，不做冒险投资。

富爸爸：学会应对金融风险。

穷爸爸：相信某家公司或政府会考虑到自己的需要。

富爸爸：相信凡事要靠自己，毫无保留地声明自己应得的权利。

穷爸爸：教儿子如何写一封感人至深的求职信，认为这样才能得到自己想要的工作。

富爸爸：教儿子制定出富有潜力的商业和金融计划，创造就业机会。

当我们看到一辆车的车尾贴上写着"我在挥霍我留给孩子的遗产"这样的话时，我们都会发笑。但是要记住：那些死后没有留下遗产的人也就没有完成上帝的完美计划："善人给子孙后代遗留产业，罪人为后人积存钱财。"（箴言13:22）当然，产业继承也包括金钱继承。罗伯特·清崎写道："这份产业不是金钱上的收入，而是一份即使你过世以后也能养家的资产。"安东尼奥就是这样一个好例子，他创办了威尼斯贸易珠子这样一个合法的产业，这份产业能够持续为他的子孙后代带来收入。

为了确保钱财将来能够被子孙顺利地继承，你要制定一个房地产投资计划，准备一份心愿书，确保自己的钱财遗留给自己的子孙，而不是被政府敛走；你还要投保，这样即使你患了一场大病，或者你的车辆、房产突遭了一场意外，你的财产也不会因此而消耗殆尽。

但是，需要继承的并不仅仅限于金钱。我们每个人继承的，并且也要轮流传承下去的，还有构成我们生活各个方面的价值观，具体涉及我们的家庭、信仰和理财等诸方面。正如清崎所说的那样：我们必须认真地把我们已经继承的价值观进行分类，找出哪些价值观应该保留，哪些应该摒弃，还要有目的地把那些需要传承给子孙后代的价值观挑选出来。

戴夫·拉姆齐提倡从孩子很小的时候就要开始教给他们一些花钱的原则。以下是他的一些观点：

● 在孩子开始上学前，最晚不要超过小学三年级，就要教给他们一些花钱的原则。

● 孩子在家做完一些简单的家务时，要付给他们钱。

● 不要给孩子零花钱……让他们出去工作赚钱。溺爱孩子就是让孩子整天坐在电视前玩游戏，吃垃圾食品。孩子的脏指甲意味着什么。像送报纸、修剪草坪、摆小货摊等都是适合孩子们干的工作。

那些在我们身边，我们一直跟着学的人，恰恰决定了我们学的是什么。十四岁时，胡里奥就接受了特殊的指导为将来继承家族产业做准备。同样，安东尼奥从他的导师阿莱西奥那里也学到了很多。

也许你没有机会和一个成功人士一起待上一天，可是你却能通过观看有关记录他的CD、VCD，或者阅读关于他的书籍来认识他、了解他。选择自己的导师时要小心，正如哥林多前书所警示的那样，不要被误导了，近朱者赤，近墨者黑。

一位好导师能够帮助你确立自己的使命。安东尼奥年轻的时候就具备了企业家的潜质：他"爱工作……爱思考"，经常"改进观念"，尝试新方法，探求"创新途径"。但只有在师从阿莱西奥之后，他才确定了自己未来的职业。

一个职业并不是一份工作，而是你的使命。正如安东尼奥对胡里奥说的那样："当你投身于自己的职业时，你并未觉得自己是在工作。一个人发现了适合他的职业时，他就会全身心地、心情舒畅地去工作。"

安东尼奥的父亲，菲利普，发现自己的使命是在教堂尽职："对于他来说，这才是让他觉得自己最有活力的地方。当你找到了自己真正的职业时，你也会这么想。"

讨论

● 你的长辈们把什么样的价值观传给了你？那些价值观你

是否在耳闻目染中传给孩子们，并且会永远影响他们？

● 贫穷思想包袱被一代接一代地传承下来。你继承了这些思想包袱中的哪些？你是怎么使自己的孩子们相信这些包袱不再传给他们的？

● 你曾带自己的孩子到一些大地方去并且给他们讲述这些地方是怎样建成的吗？

● 你做过房地产投资计划吗？你有心愿书吗？你给自己的资产买保险了吗？

● 影响你的人有哪些？你最想和哪些人出去转一天？

● 什么是使命？接受使命的人是谁？你是怎样知道自己的使命的？

● 你喜欢做什么？你对什么工作富有激情？你做什么时感到最有活力？

● 为什么今天又在工作中遇到这么多的障碍，没有顺利完成自己的工作？你是如何给那些不喜欢自己工作的人提建议的？

第六节 / 节俭、勤奋和神圣的革新

阿莱西奥具有非凡的影响力和不可估量的财富，可安东尼奥却"颇感意外地发现这位成功商人的生活方式极为简朴，尽管他是世界上最富有的商人。"于是，安东尼奥"下定决心向他学习。"

戴夫·拉姆齐提倡：不管你的收入是多少，生活方式都要简朴。阿莱西奥决定自己此生不过奢华生活，这一想法也被拉姆齐在他每日播出的广播节目中反复提及。其中一些已成为至理名言，如"如果你能以有别于他人的生活方式去生活，那么你的生活方式就是与众不同的。"以及"有多少钱办多少事"，拉姆齐警告我们不要"花钱买那些我们并不需要的东西，讨好那些我们并不喜欢的人"，阿莱西奥也同样没有去做这样的事。还有一个好例子就是拉姆齐劝告我们买二手车，而不是买新车。他说："我不反对你们有新车，我反对的是你们让这些新车占有

了。为了买这辆车，花掉了我们很多积蓄，可是换来的却是在十字路口见到了那些我们不会见到的陌生人。这辆车还会让你破产，让你返贫。"罗伯特·清崎在他的小说《富爸爸，穷爸爸》中也同样谈到了要控制去买那些易贬值的财产的重要性。

但是令人意想不到的是，阿莱西奥的决定却是很罕见的。在《怪诞：由于未墨守成规》一书中，作者克雷格·葛洛契尔写道："怪诞是一种美德，而当今社会所宣扬的'常规'却是一种不合常理的事。从经济角度来说：常规就是债台高筑、担惊受怕、紧张不安、心惊胆战。常规就意味着破产，信用卡透支。难道真正意义上的常规不是花最少的钱吗？"

《圣经》中有很多地方都提到了简单朴素生活的重要性：

智慧人家中积蓄宝物膏油；愚昧人随得来随吞下。

（箴言 21:20）

我并不是因缺乏说这话，我无论在什么景况都可以知足，这是我已经学会了。我知道怎样处卑贱，也知道怎样处丰富，或饱足、或饥饿、或有余、或缺乏，随事随在，我都得了秘诀。

（腓立比书 4:11-12）

你们存心不可贪爱钱财，要以自己所有的为足。因为主曾说："我总不撇下你，也不丢弃你。"

（希伯来书 13:5）

又要立志作安静人，办自己的事，亲手做工，正如我们从前所吩咐你们的，叫你们可以向外人行事端正，自己也就没有什么缺乏了。

（帖撒罗尼迦前书 4:11-12）

不要为自己积攒财宝在地上，地上有虫子咬，能锈坏，也有贼挖窟窿来偷；只要积攒财宝在天上，天上没有虫子咬，不能锈坏，也没有贼挖窟窿来偷。因为你的财宝在哪里，你的心也在那里。

（马太福音 6:19-21）

在1974年的世界福音大会上，对简朴生活方式的宣扬已编成了法典。"至今仍有成百上千万人在饥饿中生活，这让我们为之震惊。同时，我们也对造成这种现象的不公平感到不安。我们这些过着富足生活的人要负起这个责任，生活要简朴，这样我们就能为我们的信仰和福音传道事业多贡献些力量。"

勤俭和坚持是积累财富的两个关键。正如安东尼奥日记中的第一条准则所说"只要你努力工作，上帝就会祝福你"。申命记28:8中也讲到了类似的话："在你仓房里，并你手所办的一切事上，耶和华所命的福必临到你。"

那么付出会得到回报吗？罗伯特·清崎会给我们答案：

"只要你真正努力工作了，你就会生活得好。"我们随处都可听到像这样的一类胡说八道的话。令人悲哀的是，即使我们身边大量的事实和这类话并不相符，可是大多数人还是坚定不移地相信了这类鬼话。只要你看看你的周围，你就会发现很多人一生都在辛勤地工作着，可是直到他们告别人世时，仍没有过上像样的生活，他们的生活仍保持在最低水平。

这个世界上的很多人工作都很努力，可是生活得并不好……问题在于努力工作的秘密并不在于此：我这样说并不意味着积累财富和获得金钱上的自由不需要努力工作，当然需要，而且需要大量付出……我的意思是一味努力地去赚钱永远也不会创造财富。那些为了提高收入而去努力赚钱的人，因此而付出的工资税也会越来越多，有些人不再努力工作赚钱了，他们能做的就是如何去花钱，但是，等钱花光了，他们又得去努力工作赚钱。

那么，一个人是如何积累财富的呢？安东尼奥的故事告诉我们，关键在于颠覆性创新。所谓颠覆性创新或技术，就是这种创新能够创建一种新的市场和价值网络，最终能够扰乱现有市场和价值网络，替代过时的技术。虽然汽车的发明是一种具有转换意义的大事，可是早期的汽车是昂贵的奢侈品，并没有扰乱当时以马车为交通工具的市场。直到福特发明了流水作业线，由此汽车的生产变得更加快捷，价格也变得更容易为平民所承受，汽车才成为了一种颠覆性的革新。如今，"大大落后于时代的制造商"成了一个流行词，用来描述那些被颠覆性技术淘汰掉的商业模式。

安东尼奥便是颠覆性革新的一个很好的例证：他发明了威尼斯贸易珠子，并说服了当时的商业界来使用这种珠子作为全球流通货币。

请求圣灵赋予你一些具有创造性、颠覆性的思想吧，这样你就能在市场中找到需求，并去填补这种需求。

讨论

● 我们从别人所做的事情中学到的要比从他们所说的学到的要多，如果这句话说得对的话，那么安东尼奥从阿莱西奥简朴的生活方式中学到了什么？

● 重读拉姆齐在本节开头所说的那几条原则，这些话是什么意思？

● 一些人赚了成百上千万，又花掉了成百上千万，最后身无分文，这又是为什么？

● 你在市场中发现了什么样的需求？你能通过圣灵的帮助做一些革新工作来满足这些需求吗？

第七节 / 懒人和死钱

尽管安东尼奥的贸易珠子很快便取得了成功——"不到三年的时间，贸易珠子变成为了威尼斯的标准货币"，——可是安东尼奥仍然面临着一些挑战，正如他对胡里奥所说的那样"过去的这些年并不是一帆风顺。"让你迅速变富也不是上帝的通常做法。

人们经常希望财富会光顾他们，在很多时候，基督徒也会有这一想法。他们认为祈祷可以代替手中的那把犁，尽管上帝在《圣经》中反复强调了播种和收获之间的关系。秋天的收获和春天的播种以及付出的代价有着直接的关系。

戴夫·拉姆齐教给了我们一个动量原理：财富的增长和事业的动量=(专心而又努力地工作+时间)×上帝的祝福。如果上述等式右边的三个因素中的任何一个失去了，那么财富的增长也就不会成指数变化了。

今天，我们大多数人都成了工资的奴隶，我们的努力工作并不能带来工资上的增长。智者告诉我们要去聪明地工作。

在马太福音25:14-30中，耶稣教给我们什么是"死钱"。所谓死钱就是不能生钱的钱，只是存放在那里。可是那些能为我们生钱的钱又在哪儿呢？

- 取消你的订购，你的健身房会员卡，或者你的通信设备。
- 积极理财，减少滞纳金、信贷费、利息和ATM手续费等费用。
- 避免不必要的商品购买和支出，在承担一些新的义务前要再三思索，例如养一只宠物。
- 吃光所有的食品杂物。（我们把自己购买的四分之一的食物都扔掉了。）
- 在家吃饭。
- 使用打包服务。
- 尽量购买打折商品、处理商品和低利率金融服务项目。
- 少买几件圣诞礼物。
- 不要养成高档消费习惯和嗜好。

其实上帝的梦想要比我们的梦想大得多，上帝说："我知道我向你们所怀的意念，是赐平安的意念，不是降灾祸的意念，要叫你们末后有指望。"（耶利米书29:11）。"神能照着运行在我们心里的大力，充充足足地成就一切，超过我们所求所想的。"（以弗所书3:20）可是。令人感到悲哀的是，我们会根据我们的收入情况不断降低自己的梦想，而不是根据上帝赋予我们的梦想去不断提升我们的收入。

上帝希望我们不要做一个无志之人。可是胸怀大志通常又需要雄厚的经济收入作为后盾，而高收入又不是一时半会儿就能实现的。这体现的正是"富爸爸"

的思维方式，又是戴夫·拉姆齐的思维方式，那就是要努力工作，坚持不懈，不住祈祷。我们再回想一下安东尼奥日记中所记载的第二条原则："经济上的富有和灵魂的昌盛是息息相关的"。就像阿莱西奥提醒安东尼奥的话那样"亲爱的，我祈祷上帝护佑你一切顺意，身体健康，精神富足。"上帝想让我们获得成功，可是只有我们追随他，这些才能实现。

哈巴谷书2:2-3鼓励我们完成此项计划：将这默示明明地写在版上，使读的人容易读。因为这默示有一定的日期，快要应验，并不虚谎。虽然迟延，还要等候；因为必然临到，不再迟延。

最后，上帝让你经历得越多，对你的期望就越高，认识到

这点也很重要。"因为多给谁,就向谁多取;多托谁,就向谁多要。"(路加福音12:48)

讨论

● "努力工作"对你来说意味着什么?为了获取经济上的自由,你愿意付出什么样的代价?

● 你如何更聪明地去工作?

● 你是如何让手中的死钱为你赚钱的?

● 对于你来说灵魂昌盛意味着什么?

● 如果说上帝不看重人们的财富和社会地位,对所有人都一视同仁,那么他为什么对那些富人的期望更高?

● 重新读一下路加福音12:48,"多给谁"可以理解为除了金钱之外的东西吗?这个词能用来指时间、才能等东西吗?如果可以的话,根据上帝所赋予的各种潜质,我们就能判断出哪些人是穷人吗?

第八节 逆境与进取

在《动物园景观》这篇文章中,作者盖里·列治文描述了小长颈鹿的出生:

最先露出来的是小长颈鹿的前蹄和头部,又过了几分钟,这个幼崽的身体从母体中挤了出来,从十英尺的高处落了下来,背部着地。又过了几秒,小家伙打了几个滚儿,向上伸着头部趴在地上,四条腿蜷缩在身下,它第一次看到外面的世界。只见它用力摇了摇头,甩掉了耳部和眼部残余的羊水。

长颈鹿妈妈深深地低了低头快速看了它一眼,然后径直走向自己的孩子身边。她在那儿等了几分钟,然后做了一件不可理喻的事:她抬起长腿踢了自己的孩子几下,想让它爬起来。

看见小长颈鹿还没有站起来,长颈鹿妈妈又反复用力地踢了幼崽几下,小长颈鹿又试图站起来,当小长颈鹿累了,长颈鹿妈妈又踢了它几下,再次激发了它的动力。最后,小长颈鹿终于摇摇晃晃地站了起来。这时,长颈鹿妈妈做了一件最令人不可思议的事,她一脚又把自己的孩子踢倒在地。她为何要这样做?她是想要小长颈鹿记住如何自己站起来。在自然界,小长颈鹿必须要学会尽快站起来,才不会被鹿群抛弃。只有鹿群那里才是最安全的。狮子、鬣狗、猎豹和野外猎犬都喜欢捕猎长颈鹿幼崽,如果长颈鹿妈妈没有教会幼崽生下来就要学会快速站起来,那么自己的孩子有可能会成为其他食肉动物口中的美味。

这个故事给我们的启示是:上帝就像长颈鹿妈妈,他会让我们经历一些磨难,给我们一些打击,让我们自己重新站起来,这样,我们就会更加坚强。

当安东尼奥眼睁睁地看着自己的工厂在火海中化为一片灰烬后,阿莱西奥教给了他第四条准则:"**你所遇到的困难不但锻炼了你的品格,还为你承受祝福作预备。**"这句箴言来自于罗马书5:3-4:"在患难中也是欢欢喜喜的。因为知道患难生忍耐,忍耐生老练,老练生盼望。"

那么为何某些成功人士没有遇到我们这些人所遇到的困难,某些知名企业只经历了一些小小的风险呢?这似乎是个谜。

吉姆·柯林斯和杰里·波拉斯合著的小说《坚持到底:知名公司的成功经验》中写到了很多历经考验的公司:

沃特·迪尼斯公司在1939年面临着一场严重的资金周转危

机，迫使该企业上市；随后，在20世纪80年代，由于其股票价格陷入低迷，一些大公司甚至筹划着将其抢购，该公司险些被吞并。播音公司在20世纪30年代中期、40年代后期以及70年代早期三次遇到了非常严峻的困境，公司不得不解聘了6万多工人来应对危机。尼苏达矿业与制造公司创办之初就不景气，在20世纪早期险些被挤出市场。惠普公司在1945年遇到了营业额锐减的困境，在1990年，该公司的股票价格一度跌到了比账面价值还低的地步。索尼公司在开局的前五年（1945-1950）多次遇到了产品危机，在70年代的VCR抢占市场的大战中，该公司的Beta版格式输给了实用录像系统，惨失市场主导地位。在20世纪80年代初，福特公司经历了美国商业史上最为严重的亏损（三年连续亏损总计33亿美元），随后，该公司开始走向了宏伟的扭亏和复兴之路。花旗银行始建于1812年（同年拿破仑军队开赴莫斯科），该公司在19世纪晚期开始出现亏损，经历了20世纪30年代的经济大萧条，在20世纪80年代后期险些破产于全球的信贷投资组合。美国国际商用机器公司在1914年和1921年两度险些破产，在90年代初期再次陷入了困境。

有时，我们遇到的一些问题都是我们自己制造的。阿莱西奥委婉地指出了安东尼奥在一间厂房内安装了太多的熔炉这一错误做法。当面临类似的错误时，我们通常不愿承担起自己的那份责任。但是安东尼奥为我们做出了表率，他认真地遵守了

第五条准则："要敢于为自己错误的决定所导致的后果承担责任。不要把责任转嫁给他人。"

最后，阿莱西奥用第六条准则勉励安东尼奥，即"**不要把挑战看成绊脚石，而要看成铺路石。**"人在绝望中很容易消沉下去，会把面前的困难看成是不可逾越的障碍。但是，阿莱西奥却帮助安东尼奥看到：火灾虽然让他失去了工厂，却给他带来了加速扩产的好时机。正如长颈鹿妈妈为了自己的孩子能够生存下去，在孩子出生时就要用蹄子踢它一样，付出的努力越多，迎来的挑战也就越大。

还有一个故事是讲一个小男孩发现了一个包着毛虫的茧。老师曾教过他这个毛虫会化成一只蝴蝶，但只有拼力破茧而出才能凌空飞翔。小男孩很善良，他取出了自己的铅笔刀在虫茧上挖了一个洞，想要帮里面的蝴蝶减轻破茧的痛苦，让它尽早获得自由。可是，小男孩却不知道，破茧而出这个过程会使蝴蝶的翅膀变得强壮，这样他才能在空中飞翔。

我们很多时候都会像小男孩一样设法救他人脱离困境，却没有理解上帝给我们讲的那句话：逆境能磨炼我们的性格，能让我们得以生存下去。

当你面临的困境似乎让你无法承受时，请铭记彼得前书5:7给我们的建议："你们要将一切的忧虑卸给神，因为他顾念你们。"还有这样一句话：你要把你的重担卸给耶和华，他必抚养你，他永不叫义人动摇。（诗篇55:22）只要我们相信上帝在关心着我们，无论我们遇什么样的麻烦，都会找到很好的解决办法。总之，"神若帮助我们，谁能抵挡我们呢？"

讨论

● 你职业生涯中遇到的最大的阻碍、失败和最失望之事是什么？给我们讲一讲你人生的低谷时期，在这期间你精神消沉，自己的理想之路似乎被堵死了。你从你的困难时期学到了哪些教训？

● 如果你目前的职业生涯正面临着窘境，你是焦躁不安还是感激不尽？如果你正身处困境之中，你会认为困难是暂时的，风雨过后是彩虹吗？

● 如果一位朋友给你提起了安东尼奥对阿莱西奥说过的那句话"很显然，上帝已把我的生意之门给关上了，不然，他为何要把我的工厂给烧掉？"你会怎么回答他？

● 如果一个人拒绝了一次升职机会是因为新职位具有太多的挑战性，你该怎样对他说？

● 你曾见到过一些基督徒转嫁责任吗？由于他们自己的错误决定导致自己面临困境时，他们会因此而谩骂撒旦。如果逆境意味着罪恶，我们又是怎样知道的呢？

●当今人们的责任意识为何如此淡薄？把人们在单位为自己的错失而说的道歉的话记录下来。

●遇到麻烦你是独自一人承担，还是让上帝帮你承担？

第九节 勇战商海：迎难而上，不畏恐吓

虽然老厂房被大火烧毁了，安东尼奥却没有被击垮，很快便建造了新厂房，恢复了自己的产业。正当他的生意峰回路转之时，安东尼奥却又要前去和阿哈默德——一位令人闻风丧胆的商业大海盗见面。

"惧怕"意味着什么？

1. 虚假的信息听起来很真实；
2. 为此寻找根据和理由；
3. 发现事与愿违并接受现实；
4. 忘掉这一切，继续前进。

心怀恐惧只是暂时的，但是如果留下遗憾却是永远的。因此要敢于大胆行动，战胜恐惧。

《圣经》中做记录的那个最凶恶的恶棍名叫哥利亚，他身材巨大，人见人怕。连续四十天，哥利亚招摇过市，到处口吐

狂言，恐吓希伯来人。据撒母耳记上17:23-24记载："与他们说话的时候，那讨战的，就是属迦特人的歌利亚，从非利士队中出来，说从前所说的话，大卫都听见了，以色列众人看见那人，极其害怕就逃跑。"

大卫起初也逃跑了，但是他最终还是返回来勇敢地面对这个巨人。在大卫的身上是什么发生了变化？是他以真理战胜了恐惧。

阿哈默德，这个商业海盗，在传说中是个残忍无比之徒。可是安东尼奥却发现现实中的阿哈默德"不但一点儿也不凶，而且还很精明，很健谈。"如果安东尼奥当初没有勇气去面对自己的困难，他将永远也无法解开有关阿哈默德真相之谜。

《圣经》中写得很清楚，胆小怕事可不是上帝的作风。提摩太后书1:7中写得也很清楚："因为神赐给我们，不是胆怯的心，乃是刚强、仁爱、谨守的心。"在希腊语中"谨守的心"的意思是"可控制的、善于思考的思维"。因此，恐惧不是产生于上帝，恐惧是敌人所造成的一种精神压力。上帝赋予我们的是可控制的、善于思考的思维，他希望我们"所有的心意都顺服基督"（哥多林后书10:5），我们要无所恐惧。耶稣也亲自告诉我们"不要为你们的生活而忧虑"（马太福音6:25）。

安东尼奥把自己与阿哈默德见面的焦虑告诉了阿莱西奥，

阿莱西奥告诉了他第七条准则:"在上帝面前要温柔,在其他人面前要勇敢。"温柔不意味着胆小怕事。

据马太福音5:5记载,上帝对温柔之人怀有特殊的感情:"温柔的人有福了,他们必承受地土。"若《圣经》将温柔与两个人紧密联系在一起,他们便是摩西和耶稣,可这两个人却不乏勇敢。

民数记12:3写道:"摩西为人极其谦和,胜过世上的众人"。然而,为了保护一名奴隶,摩西却义无反顾地去搏斗。后来,摩西揭竿而起,公然向当时最有权的法老提出反抗。

耶稣性格谦和,心地善良,然而,耶稣也会走进寺庙,把货币兑换商们的桌子翻个底儿朝天,把这些货币兑换商吓得四处逃窜。还有很多次,耶稣猛烈抨击了那些犹太教统治者和那些伪善的法利赛人。

摩西和耶稣为了实现各自的目标,都展示出了他们积极的进取心。在商业界,积极的进取心就是实现某一目标的强烈愿望,他们所提供的服务要超过同行业中的其他竞争者。全球最大的信息管理软件及服务供应商——甲骨文公司的前总裁小查尔

斯·E·菲利普斯，是这样评价进取心这种品质的："积极进取不是一件坏事，那些在本行业不是很进取的公司最后都要面临着被那些锐意进取的公司吞并的命运。"按照菲利普斯的观点，进取心就是应该激励人们把工作做好，驱使人们赢得客户的信任，解决工作中出现的问题：

我喜欢竞争，我喜爱和别人比赛，我酷爱取得胜利的感觉。这就是我用来激励人们时所发出的肺腑之言。把你周围的同事团结起来，齐心协力地去共同对外，而不是起内讧……这就是甲骨文公司的企业精神，我可不想在一家毫无生气、毫无进取的公司内工作。

上帝希望他的那些身处商海中的信仰者们都是精明之人。"精明"意味着"要有正确的判断力、要有实用智能，要善于思辨。""精明"的同义词有：敏锐，灵敏，敏捷，有洞察力，狡猾，狡诈，爱算计，足智多谋，狡黠和机灵。

主人就夸奖这不义的管家做事聪明，因为今世之子，在世事之上，较比光明之子更加聪明。我又告诉你们：要藉着那不义的钱财结交朋友，到了钱财无用的时候，他们可以接你们到永存的帐幕里去。

(路加福音 16:8-9)

> 我差你们去，如同羊进入狼群，所以你们要灵巧像蛇，驯良像鸽子。
>
> （马太福音 10:16）

我们要有爱心，要温柔。我们之所以要温柔，是因为你及你所有的都是上帝的恩典。但是，我们在日常生活中，在生意场上，还是要"灵巧像蛇"，为了能够在商场激流勇进，我们要祈求上帝赐予我们智慧、洞察力还有良策。

讨论

- 人们通常在什么情况下会感到恐惧，这种恐惧会使他们的事业陷入困境？如果一个人在工作中缺乏冲劲、没有进取心会发生什么？
- 如果你准备面对事业中的一次挑战，你会收获什么？在迎接这次挑战时，最令你恐惧的是什么？如果你未能应付这次困难，那么最坏的结果是什么？如果最坏的事情发生了，你又该怎么做？为了降低上述这种可能性的发生，你还能做些什么？
- 以下几种描述工作上的进取心的说法，哪种最适合你？

1. 展望者——积极探寻扩展新市场的机会，并主动创造机会。

2. 守卫者——维持一种安全且相对稳定的环境。

3. 分析者——密切关注行业的发展动向,但在确保万无一失之前绝不轻易行动。

4. 反应者——只有在问题发生时,才做出反应,并不是提前采取积极的措施。

●当有人认为基督教培养的是一些懦弱的、胆小怕事的、无影响力且已被击败的人时,你是如何给予反驳的?

●为什么那些传教士告诉阿莱西奥在生意上积极进取是错误的?

●基督徒在生意上应该积极进取吗?为什么?我们遇到的限制和桎梏是什么?作为基督徒的我们在生意场上应该发扬积极进取的精神吗?

第十节　预算，借款和贷款

阿莱西奥教给了安东尼奥几条妥善理财的原则。

准则八："过日子不要负债，要量入为出"，这条准则源自罗马书13:8中的一句话："凡事都不可亏欠人。"令人不可思议的是，当今社会的人们已经开始接受借钱欠债这种事情了。我们对福布斯全美前400富豪进行了调查，当问及"积累财富的关键是什么？"75%的人认为是过着没有负债的生活。然而，60%的美国人每个月都要过着入不敷出的生活。戴夫·拉姆齐观察到："自20世纪60年代以来，负债来得如此猛烈，我们负债的形式已变得五花八门，设想若是不再让自己负债，那么我们的生活就要发生根本性的变化。"

有很多美国人在使用汽车这件事上常常不能遵守上述第八条准则。尽管租车看似是一个不错的选择，可这种用车方式的花费也最高。最省钱的使用汽车的方式就是用现金一次付清全部车款。

第九条准则是过上没有负债的生活的关键:**"要按照预算去花钱"**。金钱从不会理财的人兜里向会理财的人的兜里流动。你若是没有学会如何理财,财就不会理你。会理财的人走得更远。你若按照计划去花钱、工作和赚钱,那么就不会去花一些无用之钱,去花冤枉钱,你的超支现象也就得到了控制。制定一个积累财富的计划,并且严格遵守这一计划。

第十条准则:**"友谊会因金钱而受到影响"**,来自于《圣经》中的几条名句:

为外人作保的,必受亏损。

(箴言 11:15)

在邻舍面前击掌作保,乃是无知的人。

(箴言 17:18)

不要轻易许诺他人,不要为别人的负债去担保,如果你没有钱去偿还,你砸锅卖铁也要去偿还。

当向你借钱的那个人不能还钱时,你们的关系就会变得紧张。如果你被感动了,想要给予他们经济上的帮助,那就把钱送给他们,而不是借给他们。(在第十二节我们将谈到慈善捐助的重要性。）

在《抚平心灵创伤：如何在没有伤害到穷人和你本人的情况下减轻贫穷》一书中，作者史蒂夫·科比特和布莱恩·菲格特写到：

> 包括我们二人在内的许多观察者都认为：北美洲的基督徒们为了减轻贫穷确实做了一些努力，可是他们使用的方法却对那些物质上的穷人和物质上的非穷人造成了很大程度的伤害。我们关心的是这些方法不但是对人力、精神、财力和组织资源的浪费，而且使他们在试图改变这些根本问题时也变得更加困难了。

基督徒们帮助的是那些不能自助的人，而没有把这些人变成自食其力的人。

讨论

- 为什么过上一种无负债的生活是如此之难？
- 你对自己的现金流转做过分析，并得出自己每个月能有多少剩余的钱，或者每个月有多少亏空吗？如果你的现金流转出现负数，你是如何去挽救这一情况的？
- 你对自己在买衣服、食品等方面的开支制定过上限吗？换句话说，你为自己每个月在不同生活方面的开支做过预算吗?这个预算包括去餐馆吃饭、外出娱乐和喝咖啡等项目吗?

●你有储蓄计划吗?为自己制定如何积累退休基金的策略了吗?

●给予他人钱就是帮助他,或是伤害他,或是让他能够富起来,你对此事持何态度?

第十一节 / 人生导师与合作伙伴

很多年来,阿莱西奥都是安东尼奥的良师益友,安东尼奥因此也受益匪浅,成了商业界首屈一指的佼佼者。

在第五节,我们曾简单地谈及了导师的重要性。箴言也强调了向他人学习的重要性:无智谋,民就败落,谋士多,人便安居。箴言13:20还重申了一句话:与智慧人同行的,必得智慧;和愚昧人做伴的,必受亏损。

在导师指导学生的过程中,所要传习的目标一定要明确。在《像耶稣那样指导学生》一书中,雷吉·坎贝尔写道:

> 指导学生不是让学生开始了解某事,那是教育的任务。指导学生也不是让学生学会做某事,那是培训的任务。
>
> 指导学生就是向学生展示如何去做人、做事。

在选择导师时,重点看他作为家庭的一员时,是否具备以下品质：诚实，心胸开阔且坦诚，有责任感，在你所关心的生活领域富有成就。导师应该性格随和，不但能示教于你，而且还能虚心向你学习。导师应该能够就你的一些生活琐事和你促膝长谈，而这些琐事和他本人毫无瓜葛。一位好导师相信你能够成功，并帮助你制定人生梦想，帮你策划完成该梦想所应付出的努力。如果你觉得以上所列的条件太多，那么你只可记住："你真正要找的导师就是关心你、相信你并且鼓励你的那个人。"

圣灵启示了所有的真理(约翰福音16:13)。你应该信任自己的导师，但又不能盲目地追随他（她）。用《圣经》来验证导师给予你的那些建议，如果遇到了麻烦，要大胆地提出你的质疑。

我们通常认为教导别人是一种单向的、从上至下的等级关系。但是安东尼奥向阿莱西奥请教的过程中，这两个人确实是一种平等的、彼此合作的关系。

上帝是和我们有关系的，他是想接近我们的。让我们回想一下上帝是如何在伊甸园寻找亚当和夏娃的："上帝呼喊着亚当的名字说'你在哪里？'"（创世纪3:9）。

因为躲藏起来的人是亚当和夏娃，不是上帝："亚当和他的妻子躲在伊甸园的树林中不出来见上帝"。

在创世纪1:26中，有一段经文介绍了我们人类是根据上帝的形象被造的。我们有他的特性，正是因为上帝的关系，我们彼此之间才产生了关系。上帝渴望和我们同工。他本可以亲力亲为把红海分离出去，可是他却对摩西说："你举手向海伸杖，把水分开，以色列人要下海中走乾地。"（出埃及记14:16）在人类的地球上，上帝选择与我们同工。

他也希望我们在工作时要彼此合作，正如第十二条准则所说的那样："要懂得合作的力量"。

我们再看看《圣经》中是如何描述为了实现上帝的目的而合作劳动的。

> 我们是与神同工的。（哥林多前书 3:9）
>
> 俗语说，"那人撒种，这人收割"。（约翰福音 4:37）
>
> 身子原不是一个肢体，乃是许多肢体。设若脚说："我不是手，所以不属乎身子。"它不能因此就不属乎身子。但如今肢体是多的，身子却是一个。（哥多林前书 12:14-15，20）

为了圆满完成一项任务，我们需要彼此协作。我们共同合作完成的事要远多于独立完成的事。

讨论

●在你的生活中,你有自己的导师吗?如果有,他们是谁?

●你是如何决定选择那个人做自己导师的?

●我们所有人都需要导师,我们所有人也被邀请做他人的导师。《圣经》称此为被他人指导和被邀指导他人。你选择了谁作为你指导的学生?

●谁和你合作共同致力于神国的扩大?

●你和上帝合作的动力是什么?

第十二节 甘于奉献的生活才是有价值的生活

安东尼奥日记中的第十一条准则——"**要把十分之一的收入先拿出来奉献给上帝**",开门见山指出了什一奉献的重要性。什一奉献就是把你收入的十分之一奉献给喂养你属灵生命的地方。玛拉基书3:8-10向我们阐释了上帝是非常看重什一奉献的:

人岂可夺取神之物呢?你们竟夺取我的供物。你们却说:"我们在何事上夺取你的供物呢?"就是你们在当纳的十分之一和当献的供物上。因你们通国的人都夺取我的供物,咒诅就临到你们身上。

万军之耶和华说:"你们要将当纳的十分之一全然送入仓库,使我家有粮,以此试试我是否为你们敞开天上的窗户,倾福与你们,甚至无处可容。"

捐献是你在什一奉献之外献给上帝的。你的什一奉献和你的捐献都是上帝所希望的。

得到祝福的人也会把祝福送给他人。我们得到了上帝的祝福,因此我们也要把我们的美好祝福送给其他人。作为管家,也就是上帝财富的看守者,我们就像是一根根管道,流经其中的是金钱、时间还有智慧。

在《圣经》中,我们随处可见上帝如何用心去拯救那些被伤害者和那些需要帮助的人。正如以弗所书5:1所说的那样,我们"该效法神,好像蒙慈爱的儿女一样。"作为效法者,我们也要有一颗和上帝一样的甘于奉献的心灵,美国世界展望会的现任会长——理查德·斯特恩斯在他的著作《我们的福音中的窘境》一书中,写到世界展望会的创建者鲍勃·皮尔斯时说:"见到那些伤害上帝的事发生时,我的心也为之破碎。"

我们再看看下面几条经文,这些经文谈及了不要吝财,让我们把自己的财富分享给他人:

豁免的定例乃是这样:凡债主要把所借给邻舍的豁免了,不可向邻舍和弟兄追讨,因为耶和华的豁免年已经宣告了。

(申命记 15:2)

你们当为贫寒的人和孤儿伸冤,当为困苦和穷乏的人施行公义。当保护贫寒和穷乏的人,救他们脱离恶人的手。

(诗篇 82:3-4)

王要向那右边的说:"你们这蒙我父赐福的,可来承受那创世以来为你们所预备的国。因为我饿了,你们给我吃;渴了,你们给我喝;我作客旅,你们留我住;我赤身露体,你们给我穿;我病了,你们看顾我;我在监里,你们来看我。"

义人就回答说:"主啊,我们什么时候见你饿了,给你吃,渴了,给你喝?什么时候见你作客旅,留你住,或是赤身露体,给你穿?又什么时候见你病了,或是在监里,来看你呢?"

王要回答说:"我实在告诉你们:这些事你们既做在我这弟兄中一个最小的身上,就是做在我身上了。"

(马太福音 25:34-40)

我们不要忘了以任何一种方式祝福那些给予我们帮助的人。殉难牧师吉姆·艾略特认识到了这一点,说过这样一句名言:"用不能保存的东西去换取永远不会失去的东西的人一点也不愚蠢。"

我们为了保住自己的财富通常要冒很大的危险。伟大的预言家以西结写道:罪恶之城——所多玛的罪恶之源,就是财富滋生了傲慢,从而缺乏对穷人的关心,并不是我们通常所认为的那样——因为这些人荒淫无度才导致了彻底灭亡。"所多玛的罪孽是这样:她和她的众女都心骄气傲,粮食饱足,大享安逸,并没有扶助困苦和穷乏人的手。"(以西结书16:49)

讨论

● 你按时缴纳什一奉献吗？如果没有，是什么让你不去这样做？

● 回顾一下约翰福音15:12-13中的这句话："你们要彼此相爱，像我爱你们一样，这就是我的命令。人为朋友舍命，人的爱心没有比这个大的。"耶稣在世期间，他为了和他生活在一起的人献出了自己的生命，把他的金钱、时间和才能都奉献出来。正是因为上帝爱我们，耶稣才义无反顾地为了我们而牺牲自己的肉体。你又是如何回应耶稣对我们的要求，相互关爱，为他人奉献自己的金钱、时间和才能的呢？

● 马太福音25:34-40谈到了要帮助那些饥者、穷人、外国人、身患疾病的人和身处牢狱之苦的人。你曾想过和这些人一起工作吗？为了实现上帝帮助那些需要帮助的人之愿望，如今你又有了哪些细小的行动？